心理学
エレメンタルズ

スーザン・ベンサム＝著
秋田喜代美・中島由恵＝訳

授業を支える心理学

新曜社

かけがえのない女性、
母パトリシア・バーンをしのんで

PSYCHOLOGY AND EDUCATION
by Susan Bentham

目　次

装幀＝加藤俊二

図表リスト

謝　辞

フィル、カーラ、レイチェルからいただいた有益なコメントとサポートに感謝します。また、辛抱強く支えてくれた家族、たくさんのことを教えてくれた学生たち、そして友人にも感謝したいと思います。

著者および出版社は、本書に著作の一部を複写・収録することを快く許可してくださったコンスタブル出版社および著作権者全員に、感謝いたします。著者および著作権者と連絡を取るために全力を尽くしましたが、適切に許諾表示がなされていない場合には、著作権者は出版社に連絡をしていただければと思います。

第1章　学習とは何だろう――認知的アプローチ

◆はじめに

この章では、思考、あるいは心理学者のいう**認知**（cognition）が、時間と共にどのように発達し、変化していくのかについての研究を概観する。すなわち、認知発達に関する理論というのは、われわれがどのように思考や推理を学んでいくかという問題に取り組んでいるのである。この章では、人がどのように学習するかだけでなく、特に発達段階や成熟によるレディネス（準備性）などの概念についても見ていくことにする。こういう研究は、しわ深い老教授が埃の積もった図書館に閉じこもってせっせと励んでいる味気ない学問のように思えるかもしれないが、実生活、とりわけ授業の場と、大いに関わっている。理論家が学習の過程をどのように説明するかが、ある程度は授業の方法を規定するからである。

◆ピアジェ

ジャン・ピアジェ（Jean Piaget: 1896-1980）はスイス人の学者で、彼が子どもの知的発達の研究を始めたのは20世紀初頭のことだった。若いころのピアジェは、草創期の知能検査開発に携わっていたアルバート・ビネーのもとで働いていた。そこでの仕事は、子どもに質問をし、その答えの正誤を記録することだった。ピアジェが興味を持ったのは、子どもが正しく答えることができるかどうかよりも、同じような年齢の子どもたちが同じような間違いをするという事実、そして、子どもの思考は大人とは質的に異なっているという事実だった。言い換えれば、子どもが外界を理解し、解釈する方法は、大人とはかなり異なっていたのである。好奇心いっぱいの4歳児と一緒に過ごしたことがある人なら、こう聞いても驚かないだろう。ピアジェはこの洞察から、知的発達に関する包括的な理論を展開していった。

ピアジェの発達理論は、段階説をとる。彼によると、認知発達の各段階は次のようになる。

- **感覚運動期**（誕生から2歳まで）
- **前操作期**（2歳から7歳まで）
- **具体的操作期**（7歳から11歳まで）
- **形式的操作期**（11、12歳以上）

ピアジェによれば、各段階の順序は一定であり、すべての人間が、どこにいようとも、これらの段階を同じ順序でたどっていく。設定された年齢の幅はガイドラインであって、次の段階に進むのが早い子どももいれば、遅い子どももいる。ここで重要なのは、それぞれの段階は、前の段階とは質的に異なった、より複雑な思考法を伴う、という点である。後に続く段階、あるいはより複雑な思考法は、それよりも前の段階、あるいはより複雑ではない思考法の上に作られる。そしてピアジェは、どの段階においても、ある段階を飛ばして次の段階に移ってしまうことはありえないと述べた。

ピアジェの理論では、個人の成熟レベルと、そのレベルに適切な経験を与える環境との相互作用が重要視される。ピアジェによると、子どもは外界の知識を能動的に構成するのであり、その意味では小さな科学者といってもよい。そして思考の成熟の最終目標は、論理と抽象的思考を手にすることである（Wood, 1998）。ピアジェの理論は包括的なもので、誕生から成人期に至る知的発達を説明しようとした。彼は物理的な量（すなわち、体積・質量・面積）、数、言語、遊び、道徳性の発達など、多岐にわたる領域で、知的発達を検討した。そして、彼の考えを説明するために、独自の用語を編み出した。

鍵となる概念

ピアジェのいう**シェマ**（schemas）とは、われわれが外界との相互作用を理解するために構成する、行動ないし思考のまとまったパターンやユニットを指す。シェマは情報を集めておくファイルに喩えることができる。ピアジェは、思考を内面化された行動であると考えていた（Piaget, 1971）。人間は、自分を取り巻く環境と相互作用しながら、それを探索している。そして、この身体的な相互作用が内面化されて思考を生み出す。

適応（adaptation）というのは、環境に反応して個人が作り出す変化を説明するためにピアジェが用いた用語である。適応は**同化**（assimilation）と**調節**（accommodation）からなる。簡単にいえば、同化とは、新しい情報を取り入れ、それを既存のシェマに適合させようとすること、あるいは、すでに学習した行動のパターン、つまりシェマによって環境に反応していくことである。調節とは、すでに学習した行動のパターン、つまりシェマが不十分だったとき、新しい情報に適合するように既存のシェマを変化・修正すること、すなわち、新しい方法を用いて環境に反応していくことである。外界に対する知覚が既存のシェマに適合するときは、均衡（equilibrium）あるいはバランスがとれた状態である。もし既存のシェマでは新しい経験を処理できなかったときには、不均衡（dis-equilibrium）が生じる。ピアジェによれば、不均衡は不快として感じられ、そのため外界を理解する必要にせまられる。その結果、新しいシェマを生み出すことによって認知的バランスを獲得しようとする。たとえば、ある人がヨットを始めようと思ったとしよう。前には一度も乗ったことがなかったものの、ずっと乗ってみたいと思っていた。そこでレッスンに参加する。初めてのレッスンの日になって、過去に経験したことがこの新しいスキルを学ぶためには全く役に立たないことに気づく。ピアジェの用語では、そのような人にはヨットに乗るための既存のシェマがないのであり、そのため新しい知識に圧倒されているという不快な感情を味わうことになる。ピアジェ流に言えば、この不快な状態は不均衡なのであり、この感情に後押しされて、その人はヨットの操縦に関する新しいシェマを作り出すだろう。

感覚運動期（0－2歳）

この段階ではシェマが出現し、**対象の永続性**（object permenence）と**一般的象徴機能**（general symbolic function）が発達する。

対象の永続性とは、たとえ物や人が直接見えないときでも、その時その場所に存在していることを理解する能力のことである。簡単に言うと、「コートをクローゼットに掛けて扉を閉めても、コートはまだそこにありますか」という問いかけに答えられるか否かである。

一般的象徴機能の発達によって、言葉、ごっこ遊び、延滞模倣などが始まる。延滞模倣とは、ある物事がそこに存在していないのに模倣できる能力である。次のような場面を思い浮かべてほしい。ある幼児が、育児サークルで他の子どもがかんしゃくを起こしているのを見た。その子の母親は、うちの子どもはかんしゃくなんて起こさないのよ、と自慢げに話していた。2日後、母親が紅茶を入れていると、子どもがドスケットを欲しがった。母親がだめだと言うと、その子どもはかんしゃくを起こして母親を落胆させた。子どもは、蹴る、噛みつく、叫ぶなど暴れ放題である。その子どもは、ピアジェのいう延滞模倣ができるようになったのだ。

前操作期（２－７歳）

前操作期での最も重要な達成は、一般的象徴機能の出現であり、この能力によって言語の使用、模倣、ごっこ遊びへの参加が可能になる。このような活動が実際に始まり、拡大していくのが前操作期である。しかし、子どもはこの段階にある数年のうちに、いろいろなことが飛躍的にできるようになるものの、論理的な思考には限界があるとピアジェは指摘する。すなわち、**脱中心化**（decentre）と**保存**（conserve）の概念が成立しておらず、**自己中心性**（egocentrism）の影響で誤った見方をしてしまうのである。

自己中心性

ピアジェはこの用語を、子どもは利己的であるという意味ではなく、子どもが他者の視点に立つことができず、自分の見ているものを他人も同じように見ていると単純に信じていることだと定義した。子どもが他者の観点から物事を捉えられるようになると、その子どもは脱中心化の能力を獲得したといわれる。脱中心化には、見たところ異なる２つの観点を同時に持って理解する認知能力が必要である。

自己中心性を測るテストでは、子どもは３つの山の立体模型を見せられる。それぞれ、雪の積もっている山、小屋のある山、そして十字架のある山のある模型である。子どもがテーブルの前に座ってその模型を見ていると、テーブルの反対側で同じように全体を見渡せる場所に人形が置かれる。それからこの山々を描いた絵を子どもに何枚か見せる。始めに子どもは自分の見えている景色が描いてある絵を選ぶように指示される。そして次に人形が見ている景色の絵を選ぶように言われる。ピアジェはこの実験によって、子どもは9歳ごろまで、人形が見ている景色に合った絵をきちんと選ぶことができないことを発見した。

自己中心性の評価

自己中心性を**評価**するためには、2つの観点からの検討が可能である。一つ目は自己中心性の調査方法に関わる問題であり、二つ目はこの概念の本質、すなわち自己中心性は実際には何を指しているかという問題である。まず調査方法に関して、ヒューズ（Hughes, 1975）はピアジェの自己中心性に関する研究を再現しようとしたが、一つ重要な点に変更を加えた。ごく普通の子どもにも、もっとわかりやすいテストを開発しようとしたのである。ヒューズの作った模型は、4枚の仕切り板を十字型に組み立てたものである。さらにかくれんぼのゲームでよく使われる男の子の人形を2つと、警官の人形を1つ用意する。実験に参加する子どもは立って模型を上から見ている。警官の人形を1つの壁の端に置いてその人形が2つのセクションを見ている状態にし、警官から見えない場所に男の子の人形を置くように子どもに指示する。この実験のポイントは、子どもの視点から見えるものと、人形の視点から見えるものに対立が生じている点である。ピアジェの説に従えば、子どもは9歳になるまで他者の視点に立つことができないのだが、ヒューズの得た結果は違っていた。このように作業の意味が子どもに理解できる課題であれば、子どもは何の問題もなく、質問に答えることができた。ヒューズの実験では、3歳から4歳半の子どもの90パーセントがこの課題に答えることができた。

自己中心性は、「他者の視点に立つ」ということを意味していることがらについて、質問することによっても評価できる。以下の例は、ピアジェの定義した自己中心性の概念をうまく表しているだろうか。

・子どもが5ポンドを渡されて母親にプレゼントを買おうとするとき、母親が誕生日に欲しいものは自分が欲しいものと同じではないということに、子どもは何歳で気づくだろうか。
・誰かの感情を損ねないように罪のないうそをつくことを、子どもはいつ覚えるのだろう。「そうよ、おばあちゃん。おばあちゃんの編んでくれたシマシマの靴下、すごく気に入ってるの。」

こういう質問にはこれだ、という明確な答えがない。要するに、自己中心性を定義するのは難しいのである。

数の保存

保存には、物の見かけが変化してもその本質は変わらないことへの理解が含まれる。保存が成立する概念は、物質量や長さ、数、液量、面積などである。数の保存を調べる標準的なテストでは、同じように並べた2列のおはじきを子どもに見せる。まず実験者は子どもに2つの列は同じかどうかを尋ねる。次に実験者は一つ一つのおはじきの間隔をあけて、片方の方が長く見えるようにする。それから再び、どちらの列のおはじきが多いかを子どもに尋ねる。

1
○○○○
○○○○

2
○○○○
○ ○ ○ ○

通常、幼児は長く見える列のおはじきの方が多いと答える。幼児には見かけがすべてなのである。見かけは違うがどちらの列にも同数のおはじきがあると理解できるようになるのは、子どもが6歳から7歳になってからである。ピアジェは、子どもが保存課題に答えられないのは、その物質の属性《プロパティ》、すなわちおはじきの数と、それがどのように見えるか、すなわちおはじきがどのように配置されているのか、という二つの概念を同時に頭にとどめておくことができないからであると考えた。同様に、この時期の子どもは頭の中で行動を逆の順序にたどることができないので、保存の概念を理解できない。すなわち、一度何か操作を行っても、それを元に戻せることが理解できないのである。

保存課題の評価

保存課題がはらんでいる複雑な問題を正しく認識するために、次のような問いを考えてみるとよいだろう。

・どのようなことばで質問するか。たとえば数の保存について尋ねるときには、どのように問いかけるだろうか。「どちらも同じ数かな」「どちらも同じくらいあるかな」「どちらも同じかな」。

・質問をするときの態度が、子どもの反応に影響するだろうか。

・どうすれば、子どもの答えを誘導したり示唆を与えたりしていないと確かめられるだろうか。

・どうすれば、子どもが本当に質問を理解しているかどうかを確認できるだろうか。

・質問は何回繰り返すべきだろうか。ローズとブランク（Rose and Blank, 1974）は、保存が失敗する一因は、標準的なピアジェの保存課題において、実験者が子どもにおはじきの形を変える前と変えた後に「どちらも同じですか」と2度質問することではないかと述べている。子どもは大人の行動の意図を理解しようとして、大人が2度目にも同じ質問をするのだから、きっと今度は違う答えが求められているのだろう、と考えるかもしれない。

・子どもはおはじきの変化をどのように解釈するだろうか。おそらく子どもは、実験者の行為を手品のようなものだと思うだろう。マクガリグルとドナルドソン（MacGarrigle and Donaldson, 1974）は、「いたずらテディベア」を使って数の保存の改訂版のテストを行った。この実験では「いたずらテディベア」が出てきて、おはじきの列を長く見えるように動かす。この改訂版のテストでは、正しく答えられる4歳から6歳の子どもの人数が増えた。この実験では、子どもにおはじきの列の見かけが変わった理由が前もって説明されている。いたずらなテディが列を乱したのだ。このテストの方が、普通の子どもには理解しやすい。

しかしピアジェの見解を擁護すると、年齢の高い子どもの方がずっと簡単にこの保存課題に答えることができることは事実であり、それは子どもの思考の質的な変化を反映している。

具体的操作期（7－11歳）から形式的操作期まで（11歳以上）

ピアジェによると、前操作期のあらゆる弱点を克服して、具体的操作期には以前になかった能力を得る。つまり子どもは**心的操作**（mental operations）を獲得するのである。加算、減算、そして可逆性などに関して論理的法則を獲得する。子どもは保存の課題にも答えられるようになる。物質量、長さ、数、液量などの保存は、6歳から7歳の子どもの大部分が獲得するが、面積については9歳から10歳までかかる。しかしピアジェは、この時期の子どもは、論理操作においてまだ充分な認知能力を獲得していないと考えていた。子どもは対象が実際にそこにあるか、想像できるときにしか操作を行えない、すなわち「具体的操作」の段階にある。この段階の子どもは、抽象化して思考することができないのである。このような思考能力、つまり論理性の発達の最終地点に到達するのは、形式的操作期においてである。

ピアジェ理論の評価

ピアジェの理論に対して、いくつかの批判がなされている。

1　11、12歳になると、誰でもピアジェが考察したとおり思考できるようになるだろうか。それは、まずありえないだろう。ピアジェは幼児の能力を過小評価している一方で、大人の能力に関しては過大評価しているのではないかと指摘されている。キーティング（Keating, 1980）によると、18歳から20歳の被験者のうち、形式的操作を行っている人はそもそも50～60パーセントにすぎず、しかもその中の全員がこの思考形態を一貫して用いているわけではない。他の理論家によると、形式的操作を用いた思考が全くできない大人もいるという（Papalia, 1972; Rubin *et al.*, 1973）。

2　ピアジェは、ある段階から次の段階へ進む年齢は異なるものの、人は誰でも同じ順序で発達の段階を進んでいくと述べた。もしそうならば、個人差が生じる要因は何だろうか。ピアジェは、この点について言及していない（Wood, 1998）。

3　ピアジェは、子どもの既存のシェマと外界に対する知覚との間に生じる矛盾が、新しいシェマを発達させていく動機づけになると考えた。しかし、その矛盾だけが動機づけの理由なのだろうかという疑問が残る。

4　すでに述べたように、ピアジェは自分の考えを説明するために独自の用語を編み出した。それゆえ、われわれは「シェマ」のようなピアジェ流の用語は仮説的な構成概念にすぎないということを心に留めておかねばならない。ある面では、シェマが存在する証拠はどこにあるのかを問うこともできる。シェマを見たことがある人はいない。脳のスキャン技術でも、まだ見つかっていないのだ。しかし証拠はなくとも、この仮説的構成概念は、われわれがどのように思考するかというイメージを描き出している点において、得るところがある。

要約すると、発達心理学へのピアジェの貢献は記念碑的だと言える。彼の理論は、実生活のさまざまな側面に応用されていった。しかし、ピアジェの研究に対する最大の賛辞となるのは、彼に続いて生み出された膨大な数の研究だろう。それらの研究によって、ピアジェ理論そのものへの批判が加えられただけでなく、認知発達への理解が一層深められたのである。

◆ヴィゴツキー

ヴィゴツキー（Vygotsky: 1896-1934）は著名なロシア人の心理学者で、心理学、文化的活動、文学、芸術、歴史などの分野に精通していた。彼の著作は１９６０年代以降に英語に翻訳され始め、今日もなお影響を与えている。

ヴィゴツキーは、知識とは経験を積んだ大人が未経験の者に与えるもの、教えて伝えるものだと考えていた。その意味で、幼児とは見習いのような存在である。このような考え方はピアジェとは対照的である。ピアジェは幼児を小さな科学者として捉えており、彼らは自力で知識を生み出すと考えていた。

ヴィゴツキーによると、われわれは彼のいう**基本的精神機能**（elementary mental functions）を持って生まれる。これは、注意を向ける、感じる、というような生得的な学習によらない能力である。言語を話し出す前の幼児は、そのような基本的精神機能によって支配されている。人間以外の動物、たとえば類人猿も、この基本的精神機能によって支配されている。そして、社会的な相互作用を通して学習される言語が、最終的に思考、問題解決、あるいはヴィゴツキーのいう**高次精神機能**（higher mental functions）を可能にするのである。

発達の最近接領域と足場かけ

発達の最近接領域（Zone of Proximal Development, ZPD）は、ヴィゴツキーの提唱した概念の中でも最も有用な概念の一つと言われている。ヴィゴツキーは、ある人が自力で達成できることと、より高いスキルを持つ人の助けを借りて達成できることの間には違いがあると考えていた。この観点では、今日は他人の助けを借りてできたことが明日になれば一人でできるようになるうえでの、インストラクション（教授）のもつ役割が重要視される。

ある意味では、発達の最近接領域は個人の潜在的な学習能力を指している。実際にヴィゴツキーは、知能を潜在的な学習能力と定義した。この見解は個人差を考慮に入れている。ある時点のある分野において、同じ能力レベルを示している2人の子どもがいたとしても、学習能力には差があるかもしれない。さらに複雑なことには、それぞれの子どもは異なる分野ごとに、異なる発達の最近接領域がありうる。たとえばビルとジョンが同時に車の運転を習い始めたとしよう。ビルは15回目のレッスンで運転のテストに合格したが、ジョンは現在40回目のレッスンなのに合格には程遠い。しかしその一方で、ジョンがスケートボードに乗れるようになったのはビルよりも早かった。

足場かけ（scaffolding）は、言語によってコミュニケーションを共有しながら、よりスキルのある人が少ない人へと知識を伝達しようとするプロセスのことである。足場かけは、生徒の学習を後押ししようと教師が行うさまざまなサポートを表現している。しかし、これは単に教師が学生を指導するだけにとどまらない。それはヴィゴツキー流にいうと、生徒が他者の言語に操作あるいは支配されているにすぎない。学習が成立するには、他者のインストラクションを内面化して自律的なものにすることが欠かせないのである。ワーチ（Wertsch, 1984）は他律から自律への移行が成立するためには、**間主観性**（intersubjectivity）と**記号による媒介**（semiotic mediation）が必要であると述べた。

ジャミイソン（Jamieson, 1994）は、母親が子どもにある課題をさせようとしている場面を例に挙げて、これらの用語を説明している。始めは、その課題に対する子どもと母親の理解がまるで違っているので、二人はそれぞれ異なる問題を見ているようなものである。相互のやりとりによってこの状況の共通の理解を獲得し、二人が課題の内容とその手順を共通理解として持てるようにしなくてはならない。この共有理解を「間主観性」といい、共有理解を求めるプロセスを「記号による媒介」という。たとえば、ヴィゴツキーが提唱した概念のように、新しい概念の理解を共有しようとするとき、われわれは間主観性を獲得しようとしている。われわれはヴィゴツキーについて書かれたものを読み、さらにそのテーマで議論し合うことによって、理解の共有すなわち間主観性を獲得する。このような理由から、ヴィゴツキーは言語が認知発達に決定的な役割を担っていると考えた。

◆――ブルーナー

ブルーナー（J. S. Bruner）はアメリカ人の心理学者で、はじめは問題解決能力の研究をしていたが、のちに子どもの認知発達の研究に携わるようになった。ブルーナーの考え方はピアジェとヴィゴツキーの中間に位置すると言われている。彼はピアジェと同様、認知発達における生物学的な要素の役割を認めていた。特に、人間は環境を理解できるようにする生得的なシステムを持っており、また、これらのシステムは次第に成熟し、より複雑になっていくという考えをピアジェと共有している。さらに、人は発達において能動的でなくてはならないこと、自分なりに外界の理解を構築していかなくてはならないこと、などの点においてもピアジェと同意見である。しかし、ピアジェとは異なりヴィゴツキーに近い考え方なのだが、ブルーナーは言語の役割を強調しており、言語は経験の反映であるだけでなく、経験を変容させると考えていた。彼は特に教授学習場面における言語に興味を持っており、ヴィゴツキーの足場かけの理論を発展させた。

情報処理の3つのモード

ブルーナーは情報処理の方法あるいはモードを、3つにまとめた。それらは、

・**動作的表象モード**（enactive representation）　ここで乳幼児は非常に身体的な方法で環境と相互作用する。乳幼児は身体のコントロールを学習し、身体を使っていかに環境に働きかけていくかを学ぶ。この記憶の形態は、筋肉の記憶に喩えられる。はじめはハイハイを覚え、次に歩きだし、やがて走れるようになる。この知識は筋肉の中に符号化される。このようなタイプの学習は生涯を通じて行われ、新しいスキルを学習するとき、たとえばタッチ・タイピングを覚えたり、車やヨットの操縦を覚えたりする場面で現れる。子どもは成熟するにつれて、他の情報処理モードも使用できるようになる。

・**映像的表象モード**（iconic mode）　このモードは1歳頃から発達し、その名が示すとおり、新たに入ってくる情報が心的イメージや心像（アイコン）の形で貯蔵される。この表象モードは、音やにおいのイメージの形をとる場合もある。ブルーナーは幼児が保存に失敗する（ピアジェの古典的実験を思い出してほしい）原因を、この年齢の子どもたちが映像的モードに支配されているためであると説明している。

・**象徴的表象モード**（symbolic mode）　このモードは7歳頃に発達する。ここでもピアジェと同様、ブルーナーはこの能力が身につく時期を認知発達における重要な転換期と考えている。シンボルを記号化し思考のルールがわかるようになってはじめて、子どもは保存のテストに正しく答えられるようになる。

ピアジェとブルーナーの決定的な違いは、ピアジェは論理的思考を認知発達の最高到達点であると考えていたのに対して、ブルーナーは、問題解決活動を行っている大人はこれらの3つの表象モードをすべて使うことができるし、またそれが必要であると考えていた点である。ブルーナーは、異なる課題には異なるストラテジーが必要だと考えていたのである。

◆応　用

この章では、子どもの思考がどのように発達し、次第に変化していくのかをさまざまな理論家がどのように説明しようとしたかを検討した。次に、これらの理論がどのように教室での実践に取り入れられてきたかを見ていくことにする。

成熟によるレディネス

成熟によるレディネス（maturational readiness）とは、人はある一定の年齢になると、ある概念の学習が認知的に可能になるという考え方である。次のような場面を考えてみてほしい。1年生の子どもを持つ母親が、子どもがなかなか本を読めるようにならないと担任の先生に相談する。それに対して先生は次のように答える。「子どもはみな同じではないですし、成長のスピードも一人ずつ違います。ジェシカが本を読むのに苦労しているのは、まだ準備ができていないからですよ。準備さえできれば、すぐに読めるようになります。まだ時間はたっぷりあるのですから、見守ってあげてください」。この場合、担任の先生は成熟によるレディネスに言及している。ピアジェによると、子どもは準備ができるまである概念を学ぶことはできない。すなわち、発達は促進することができない。実際に、まだ準備のできていない子どもに何かの概念について教えようとしても、子どもは自分からその概念を発見できないので、結果的に不十分な理解に終わってしまう（Piaget, 1970a）。しかし、ブルーナーとヴィゴツキーは、認知発達は他者によって促進されたり、スピードを上げたりすることが可能であると考えた。もし言語が思考を形作るならば、われわれは認知プロセスを促進し、適切な言葉を教えることによって思考の質を高められることになる。ここでヴィゴツキーのいう間主観性、つまり、言語あるいは対話を通して共有理解に到るという考え方を思い出す必要がある。

ある研究で、ウッドらは、3歳から4歳の子どもにブロックで複雑な形のピラミッドを組み立てる方法を教えようとした（Wood, Bruner, and Ross, 1976）。子どもが7歳頃になって、この課題に対する成熟によるレディネスが形成され、誰かの助けなしにできるようになるまでは、この課題は無理であろうと思われていた。子どもたちは作業の進め方を母親から教えられた。その指示が役に立つ子どももいれば、まったく役に立たない子どももいた。では、言語によるインストラクションは認知発達を促進したり加速させたりするだろうか。ここで問題になるのは、言語の使用が認知的スキルを高めることになるかどうかよりも、言語コミュニケーションの中のどの要素が認知発達に関わりがあるかである。ウッドら（Wood, Bruner and Ross, 1976）は、以下のような知見を得た。

有効ではなかったテクニック

・教える側がはじめに手順を示す方法（例、「まずよく見ていてね。さあ、やってみましょう」）は、有効ではなかった。著者らは、この方法では子どもたちの集中力に負担がかかりすぎるのではないかと推察している。

・言葉で指示を出す方法（例、「大きいのをそこに置いて、小さいのはそこに置いて」）は有効ではなかった。この場合も著者らは、子どもたちは実際にやってみせてもらわなくては指示の意味がわからないのではないかと推察している。

有効だったテクニック

・随伴的なインストラクション。すなわち、子どもたちが必要と感じるときに適切なインストラクションを与えることが、最も効果的のようだった。ここには2つの主なルールがある。子どもの作業が進まないときには助けを与え、うまく行っているときにはただ見守っていることである。

ピアジェ——発見学習

ピアジェは認知発達に関する多くの著作を残したが、その理論を教室で実践する方法に関してはほとんど触れていない。彼の理論と実践とのつながりを見出すのは、後世に託されたのである。ピアジェは学習者を能動的な存在であると考えた。そして思考は内面化された活動である。これはすなわち、学習の成果は人間が周囲の環境に働きかけ、探索することによってもたらされることを意味するのであり、つまりは**発見学習**（discovery learning）である。学習の動機、あるいはピアジェのいう新しいシェマを作り出すことは、人が既存のシェマと外界の現実の姿との矛盾に気がつくことによって生じる。この意味で、動機づけは内的なものである。環境を理解し、解釈したいという個人の欲求によって、学習が後押しされる。

　ピアジェは子どもの認知発達のプロセスは段階的であると述べた。それゆえ、より単純な概念をより複雑な概念より先に学ぶ必要がある。また、ピアジェは、数の言語、物理的な量など、いくつかの領域における論理の発達を強調している。

　学習のプロセスにおける教師の役目とは、今の子どもにできることを査定し、その上で既存のシェマを広げたり、新しいシェマを作り出したりする必要が生じるような活動、あるいは質問を提示することにある。教師のねらいは、不均衡が起こる機会を与えることである。他の子どもとの交流も、そのような機会をもたらす。他の子どもが自分とは異なる見方をしていることに気づくと、それが社会的認知に葛藤をもたらし、新しいシェマを発達させる契機になりうる。

　もちろんこの考えを実践するのは、なかなか困難である。一人ひとりの子どもの知識を正しく査定する、どのような質問をすればよいかを正確に理解する、不均衡を与えるためにはどのような活動がよいかを判断する、などのプロセスは、教師にとって難題である。

ブルーナー――発見学習

ブルーナーは、知識は構築されるものであり、生徒を学習プロセスにおける能動的な存在であるとみなしている点において、ピアジェと意見を同じくしている。それゆえ、やはり発見学習が主体となる。ブルーナーが提唱した教育のキー概念の一つに**ラセン形カリキュラム**（spiral curriculum）（表1‐1参照）がある。ラセン形カリキュラムでは、年齢に応じて段階を踏みながら、徐々に複雑な概念に到達する。ブルーナー（1963）は、どの発達段階におけるどの子どもに対しても、カリキュラムのいかなる側面であれ効果的に、かつあまり知的な誠実さを損なわない形で教えることができると述べた。あるテーマについての教育方法には、その子どもが操作している思考のモードを反映させるべきである。これをブルーナーの用語を使って表現するなら、子どもが動作的表象から映像的表象へ、さらには象徴的表象へと発達していくのに従って、その発達に対応する教育プログラムも、概念の身体的な経験から具体的な映像的表象へ、さらには象徴的表象へと進めていかなくてはならない。

ブルーナーによると、教師は子どもの符号化システム（coding systems）を発達させる手助けをする上で重要な役割を担っているものの、他の子ども、特により有能なクラスメイトが足場かけという文脈においてはサポートを提供できるとしている（Mercer, 1995）。足場かけについては後述するが、まずは子どもの年齢に応じて、知識を少しずつ与えていくのがわれわれの課題であるということになる。

表1-1　ラセン形カリキュラム

段階	教授スタイルの例
動作的 1歳以下の子どもは，環境に身体的に働きかけて学習する。情報は筋肉の内部に符号化される。	乳児に大きなチョコチップクッキーを与えるとする。その子に，クッキーを半分に割って誰かと分け合うように促す。
映像的 1歳から7歳までの子どもは，視覚，聴覚，嗅覚，触覚などに基づく心的イメージを扱う。	5歳児クラスの子どもたちに，紙に大きなケーキを書いてもらう。それから2人ずつペアになり，「パーティーを開きますよ，もう1人の子とケーキを2人とも同じになるように切りましょう」と指示を出す。子どもたちはケーキを半分に切るだろう。それから，子どもたちに2組のグループを合わせて4人のグループを作るように言い，今度はケーキを4等分させる。
象徴的 7歳以上になると，象徴（シンボル）やルールに則った方法で考えを表象できる。	8歳児のクラスで，4人グループを作る。1人ずつ大きなカードを渡して，ある物の一部だけを書いてもらい，他の子どもには見せないように注意する。書き終えたら互いにその部分を見せ合って，それを順番に並べかえるように指示する。

ヴィゴツキーの応用

ヴィゴツキーが述べた重要な概念のうち、特に授業と関連があるものが2つある。一つは発達の最近接領域であり、他方が足場かけのテクニックである。発達の最近接領域とは、ある人が自力で学習できることと、他者の助けがあれば学習が可能になることとの間の差を指している。この見解によると、効果的な指導が学習プロセスの要になる。教師やより有能なクラスメイトが効果的に学習を導くことが可能なのである。ヴィゴツキーは（Marcer, 1995）、インストラクションが子どもの発達レベルの少し先を行く場合にのみ、効果的であると述べた。すなわち、独力で知識を構築する状況に置かれると、その知的能力を拡大していく見込みがない（Mercer, 1995）。さらにヴィゴツキーならば、インストラクションは個人の発達の最近接領域に狙いを定めるべきだと言うだろう。ここで問題なのは、どうすれば教師は子どもの潜在能力、つまり発達の最近接領域を把握できるのかということである。どうすれば、与えたインストラクションが子どもの能力を過大あるいは過少に評価しているかどうかが分かるだろうか。さらに重要なのは、このインストラクションはどのような形態をとるべきかである。

ヴィゴツキーは、足場かけと呼ばれるプロセスを通して教育が行われるべきだと考えていた。足場かけの概念は、後続の理論家たち、とりわけブルーナーによって取り上げられ、詳細な説明が加えられた。しかし、足場かけとは一体何を意味するのだろうか。

足場かけの例

ある教師が10歳の子どもに掛け算を教えているとしよう。二人の会話は、たとえば次のようになる。

スコット　先生、解けません！
教師　わかったわ、スコット。さて、問題はどうなっている？
スコット　12かける14。
教師　そのとおりよ、スコット。最初に何をするか覚えている？
スコット　わかりません。
教師　やってごらんなさい。
スコット　4かける2は、8になって、それから4かける1が4。
教師　そう、それを書いて。よくできました。さて、次は？
スコット　1かける2は2になって、それから1かける1が1で、それを書く。でも、どこに書けばいいかわかりません。
教師　ここがちょっと間違えやすいって、わかっているのね。1は10の位のところにあるけど、どうすればいいのかな？
スコット　そうだ、10の位の下から書いていくんだった。全部の数をたして答えは168。
教師　よくできました！

（Mercer, 1995より引用）

この例のように、足場かけにはある種のわざがある。教師にとっては「一人でやってごらんなさい」「先生がやってみせるから見ていなさい」と言ったり、スコットに答えだけを教える方がずっと簡単だっただろう。しかしそれは足場かけではない。足場かけは随伴的なインストラクションという原則と一体になっている。つまり、生徒がなかなか進まないときには助けを与え、うまく行っているときにはただ見守るのである。

◆まとめ

この章では、学習を認知的アプローチを用いて研究した3人の理論家について概観した。ピアジェは認知発達の理論を述べ、人はみな一連の同じ発達段階をたどって成長し、段階が上がるとより高度な思考を表すようになるとした。ピアジェは、個人の成熟のレベルと、その人が積極的に働きかけて知識を構築していく環境との間の相互作用に重点を置いた。学習のプロセスに関するピアジェの見方で重要なのは、シェマ（これは思考の単位で、活動が内化されたものである）と操作、論理の心的規則といった概念である。

ヴィゴツキーは、言語の重要性、とりわけ社会的な相互作用のなかで学ぶ言語が、のちに思考と問題解決を可能にすると強調した。そして知識を、経験を積んだ大人から、徒弟のような存在である経験の少ない子どもへと伝達されるものだと考えた。

ブルーナーはピアジェと同様、人は外界を理解するための生物学的システムを生得的に持っていると考えたが、加えて、このシステムが次第に複雑さを増していくと論じた。また、ピアジェと同様、人は能動的に知識を構築する必要があると考えており、その意味では発見学習を支持する。しかし、ブルーナーは言語の役割の重要性を認めていた点において、よりヴィゴツキーの考えに近い。言語は学習を反映するだけではなく、適切な状況のもとでは学習を促進しうると考えていたのである。

読書案内

Wood, D.（1998）*How Children Think and Learn*, 2nd edn, Oxford: Blackwell. 難解だが、非常に洞察に満ちており、有益な参考文献である。

Donaldson, M.（1978）*Children's Minds*, London: Fontana. この分野の古典！

第2章

学習とは何だろう——行動主義アプローチとヒューマニスティック・アプローチ

◆——はじめに

この章では、行動主義とヒューマニスティック（人間中心主義）の立場をとる心理学者が、学習プロセスをどのように説明しているかを概観する。さらに、これらの理論が教育の場にどのように応用されているかを検討していく。

◆行動主義アプローチ

学習を科学的に研究しようとした取り組みの中で最も古くから行われてきた研究のひとつに、客観的に観察可能な行動に焦点を当てた取り組み、すなわち「行動主義」を挙げることができる。この学習理論は、刺激（環境の中で生起するできごと）と、その刺激に対する個人の反応との関係を扱う。

ワトソンやパヴロフ、スキナーといった、心理学史に名を連ねる心理学者たちが今もこの分野を支配している。このアプローチはさまざまな批判を受けており、すでに時代遅れの感があるかもしれない。しかし今まで同様、今後も有効な理論として利用され続けていくだろう。

古典的条件づけ

イワン・パヴロフ（Ivan Pavlov: 1849-1936）は、ロシアの心理学者である。犬の唾液反応を研究していたときに、現在では古典的条件づけ（classical conditioning）理論として知られるようになった現象を発見し、記述した。パヴロフが観察したのは、犬を飼ったことがある人なら誰でも知っている簡単なことである。すなわち、犬はエサが目の前にあるときだけではなく、エサがこれから差し出されるというときにも、たとえば缶詰のフタを開ける音や、飼い主が「おいで、エサだよ」と呼ぶ声にも反応して、唾液を出すという事実である。この何気ない観察に着想を得て、パヴロフは実験のための手続きを考案した。さらに、このプロセスを説明するための独自の用語も作り出した。その実験とは以下のようなものである。エサは、唾液の分泌という**無条件反応**（unconditioned response）を誘発する**無条件刺激**（unconditioned stimulus）である。エサ（無条件刺激）を出す直前のタイミングでベルを鳴らし（**条件刺激**）、それを何度か繰り返すと、犬がベルの音（条件刺激）を聞いただけで唾液を分泌する**条件反応**を誘発することができる。

パヴロフの研究は心理学の歴史に残る風変わりな実験にすぎないと思うかもしれないが、その応用分野には重要なものがある。パヴロフのまとめた原則は、「学習された情動反応（learned emotional reactions）」に適用することが可能であり、これは教育プロセスの要なのである。

学習された情動反応の例

コニーは非常に優秀な16歳の女子生徒である。学年テスト［GCSE：一般中等教育資格試験］では10科目で「優」を取ったが、数学だけが「落第点」だった。あいにくコニーの夢は教師になることだったので、数学でも合格する必要があった。コニーは、７歳のころに先生との間で数学にまつわる嫌な経験があったことを心理学の教師に打ち明けた。ある日の授業中、モード・ラムズブリストル先生がコニーに５×５の答えを尋ねた。コニーは答えを間違え、その罰として、奇妙な帽子をかぶったまま教室の後ろの壁に顔を向けて座らされる羽目になったのである。コニーはそのときから、数学が嫌いになった。心理学教師は、コニーは数学に対して学習された情動反応を形成しており、これは古典的条件づけで説明できると考えた。

古典的条件づけの評価

ここで重要なのは、どのようなスキルを学ぶときでも、そこには多くの認知的プロセスが関わっている点である。その人の学習への動機や自己の学習能力への自信などが、学習の仕方に影響を与えるだろう。学習はポジティブな経験であることが不可欠である。なぜなら、不快な感情との結びつき（コニーの例など）は学習プロセスの障害となるからである。

オペラント条件づけ

オペラント条件づけでは、環境の随伴性（environmental contingencies）、すなわち人の行動に対する環境からの「反応」が、その個人の行動を統制すると説明される。スキナー（B. Skinner: 1903-1991）を始めとする理論家たちによれば、ある行動を強化する（reinforce）結果を伴う行動は再現されやすく、逆に不快な結果や罰を与えられると再現されにくい。これも驚くほどシンプルな理論に見えるかもしれないが、何が罰や強化となるかは受け手によって異なることに気づけば、実は複雑であることが分かるだろう。スキナーは、学習の起こる状況についても考慮しなくてはならないと述べている。行動の分析をし、その説明を試みるならば、心理学者は行動を探る者として、行動の先行条件（ある行動の直前に起こったこと）とその行動、およびその結果を考慮に入れる必要がある。この方法は、ＡＢＣアプローチとして知られている（Ａは先行条件 antecedent、Ｂは行動 behavior、Ｃは結果 consequences）。

さらにスキナーは正の強化と負の強化を区別した。正の強化も負の強化も、行動が再現される可能性を高めるが、同じ結果をもたらす場合でも、異なった作用の仕方をする。正の強化では、過去に望ましい結果を得られたという事実によって、ある行動を起こす。負の強化では、以前に経験したネガティブな反応を避けるような行動を起こす。

正の強化・負の強化の例

ビリーとボブは、二人とも宿題の提出期限を常に守っている。ボブの動機づけは、そうすると先生が微笑みかけてくれるからだ。ボブはこれが嬉しくてたまらない。この場合、彼にとって宿題を「提出する」ことは、正の強化をうけている。一方のビリーは、日頃から先生を怖がっていて、先生の大目玉を避けるために宿題をすぐに出している。この場合のビリーの「提出する」という行動は、負の強化をうけていることになる。

長い目で見たときに、どちらのタイプの強化が有益だろうか。

強化のスケジュール

スキナーが学習プロセスの中で重要であるとみなしたもう一つの要因は、強化のスケジュールである。断続的、あるいは不定期なスケジュールで強化された行動は消去（extinction）されにくい。知り合いに宝くじを買う人はいるだろうか。彼らは一体どのくらいの頻度で当たっているだろう。宝くじの当選のような場合、その強化スケジュールは変動間隔スケジュール（variable interval schedule）である。つまり、毎週続けて10ポンド当たったかと思うと、数週間、時には数ヶ月まったく当たらない時期がある。宝くじを買うという行動に対する報酬は、変動間隔スケジュールなので、このような行動は消去しにくい。つまり、なかなかやめられないのである。

シェイピング

スキナーは複雑な行動をより小さな構成要素に分解し、その個々の構成要素を選択的に強化しうると述べた。このように、複合的なスキルをより小さな構成要素に分解し、それらを選択的に強化することを、シェイピング（shaping 反応形成）と呼ぶ。

オペラント条件づけの評価

条件づけに関するスキナーの理論は、鳩やラットなどの動物を用いた実験を基に作られている。スキナー自身は、一般的な学習の原則を打ち立てることを目指していた。これに関して、動物を用いた実験結果がどの程度人間にも適用可能なのかという観点から批判が出ている。また、このアプローチは人間を機械のように捉えていて、ある行動をしたときに環境が返す結果にロボットのように忠実に反応する存在であると見ているとの批判もある。１９６０年代になると、学習が成立するためには、はっきりと目に見える報酬が必ずしも必要ではないことが明らかになり、心理学者たちはピアジェなど他の理論にも目を向けるようになっていった。確かに学習理論は、学習の過程における目に見えず観察が不可能な個人の認知や情動といった要因を考慮に入れていない。これは弱みであるが、逆に強みでもある。何を考えているのか、あるいはどう感じているのかを本人に直接尋ねることができないような場合でも、その人の行動を分析することで、効果的な介入や教育の方略を立てることが可能になるからである。

◆行動主義を応用する

スキナーは、行動が環境の随伴性によって統制されると考えていた。つまり、ある人が将来に一連の行動を繰り返す可能性は、過去の行動がどのような結果をもたらしたかによるだろう。ある行動が強化されるとその行動が繰り返される確率が高まり、罰が与えられるとその行動が繰り返される確率は低くなる。

スキナーは、これらの学習原理を教室に応用することに関心があった。教室にはさまざまな形の報酬や罰が存在する。たとえば低学年の子どもたちは、課題を達成したときにシールや花丸印をもらう。中学・高校には、通常の場合、達成を評価するシステムがある。これらはすべて、生徒にとって報酬であるといえるだろう。罰についていえば、昔なつかしい居残りや、校長室の外に立たされるといったものから、停学・退学まである。しかしスキナーは、このように直感でわかる学習理論の適用にとどまらず、学習を促進させるために学習の原理を効果的に使うことができるかどうかに関心を持っていた。

教室での学習理論の応用としては、教師が生徒の問題行動について、「先行条件、行動、結果」の分析をすることで、その行動を起こす理由と、今後の対処方法を決めようとする例などが挙げられる。

表2-1　行動分析の一例

先行条件	行動	結果
10：05　ジョニーは1人で座っている。話しかける人はいない。教師は他のグループを教えている。	10：07　ジョニーはわざと椅子から転げ落ち，「先生，椅子にやられたー！」とうめき声をあげる。	10：08　クラスの子どもたちが笑う。教師は「もう止めなさい。こちらに来て先生の隣に座りなさい」と言う。
10：33　ジョニーは1人で座っている。話しかける人はいない。教師は他のグループを教えている。	10：34　ジョニーは犬のまねをしながら机の下を這い回り，大声で吠える。	10：35　クラスの子どもたち皆が笑い，先生は「ジョニー，いい加減にしなさい。1人で静かに座ってお勉強ができないなら，先生の隣に座らせますよ」と言う。

行動分析の例

ムーディー先生は小学校3年生の担任をしている。先生の悩みのタネはジョニー・スミスだ。ジョニーは椅子にじっと座っていられない。しょっちゅう動き回って、授業をめちゃくちゃにしてしまう。机の下にもぐりこんだり、机に飛び乗ったり。昨日は教室にクモを持ち込んで、サマンサ・ジョンソンのセーターの中に入れてしまった。もちろんサマンサは悲鳴を上げて大騒ぎになった。途方に暮れたムーディー先生は、同僚のピーボディー先生に、教室に来てジョニーを観察し、彼の問題行動を「先行条件（問題行動を起こす直前のできごと）、行動、結果」の点から分析して記録してほしいと頼んだ。驚いたことに、その分析からは興味深いパターンが浮かび上がってきた。観察の結果は表2-1にまとめてある。

ムーディー先生とピーボディー先生は、ジョニーがいたずらをするのはいつでも、注目してもらえないときであると気づいた。記録の分析によると、彼の問題行動は、クラスの子どもや教師からの注目を集めることで正の強化をされている。ここでムーディー先生が行うべきは、環境の随伴性を変化させ、ジョニーが適切な行動を取っているときに注意を向けることによって、その行動を強化することである。

スキナーは、罰を与えるような嫌悪的条件づけを教育場面で用いることに一貫して反対していた。なぜなら、嫌悪的条件づけを用いると、生徒は何をしてはいけないかは理解できるものの、何をすべきかを理解することができないからである。スキナーは、望ましい反応を形成するためには、正の強化を利用すべきだと論じた。ジョニーの例に戻ると、ムーディー先生も、望ましい行動をシェイピングしていくことが、今後取るべき策であると考えた。以下は、ムーディー先生が考えた介入プランである。

シェイピングを取り入れた介入の例

ムーディー先生　「ジョニーが求めているのは、注目してもらうこと。しかもずっと注目を浴びていたいのです。だから、望ましい行動を取ったときには注目し、問題行動は無視するようにしましょう。そこであなたにはジョニーがどのくらいの時間静かに机に座っていられたかを記録に取っていただきたいのです。もし何も問題を起こさずに2分間座っていられたら、彼のそばに行って「よくやった」と褒めてあげてください。」

サポート・アシスタント「つまりジョニーが勉強していなくても、そこに座っているだけでも褒めるということですか。」

ムーディー先生「そうです。シェイピングによって望ましい行動を引き出すためには、その望ましい行動にはどのような要素が含まれているかを考えるところから始めなくてはなりません。今のところ、ジョニーは机に座っていられません。この場合、静かに机の前に座って勉強することは、いくつかの要素に分けて考える必要があります。机の前に座っている、決められた時間のあいだ机の前に座っている、机の前に座って勉強する、決められた時間のあいだ机の前に座って勉強する、という要素に分けられます。今週は、彼が静かに座っていられることに集中しましょう。それから徐々に、もっと長い時間座っていられるようにして、その次にきちんと座って勉強できるようにします。続けていけばきっと上手く行きますよ。」

応用された学習理論の評価

学校における強化は、学習を最大限に効果的なものにするために必要となる配慮が欠けたままに行われているとスキナーは信じていた。

教室での実践にスキナーの理論を応用するならば、最も有効なのは、教師が生徒の行動を自覚的に分析する方略だろう。しかしこの方法は時間がかかる上に、注意深い観察と記録を必要とする。

スキナーは、子どもは学習プロセスに能動的に関わるべきだと考えていたが、その理由はピアジェやブルーナーが挙げたものとは異なっている。彼は、評価と強化を絶えず受けるために子どもは能動的でなくてはならないと考えた。しかし、これはなかなか実現が難しい。多勢の教室では、教師の注意は一度に2、3人の子どもにしか集中できないためである。

スキナーは、一斉授業という授業のあり方にも懸念を示していた。なぜなら、この方法は教師が平均的な生徒にばかり目を向けてしまう一方、理解の遅い子どもや優秀な子どものニーズを無視してしまうからである。そこでスキナーの考えた対策は、ティーチングマシンだった。ティーチングマシンを使えば、生徒はそれぞれ自分のペースで学習を進められるようになる。基礎的な内容は機械によって伝達されるので、手があいた教師は、生徒と意味のあるやり取りを行うことができる。彼は、粗雑なものではあったがティーチングマシンを自ら考案し、実際に教育に用いた。しかしこれは操作が難しかった上に値段も高く、一般には浸透しなかった（Richelle, 1993）。現代のパソコン時代の到来によって、スキナーが思い描いていたような形でのプログラム学習がようやく可能になった。

スキナーは、カリキュラムの内容に関して、教師が教育内容をよく理解していること、到達目標を明確にしておくこと、最初に教えるべきことを最初に教えること、生徒が自分のペースで学習を進められるようにすることが重要であると考えていた。

これまで特に論争の的となってきたのは、スキナーが**無誤学習**を支持していたこと、すなわち、学習者が失敗を経験しない学習プログラムを開発すべきだと考えていたことである。これに対して、この方法は実生活を反映しておらず、生徒が失敗やつまずきに前向きに取り組めるようになることこそ重要だ、という反論がなされてきた。

◆ヒューマニスティック・アプローチ

ヒューマニスティック心理学（humanistic psychology 人間中心主義心理学）は、行動主義とは正反対の立場だと言われる。この意見の根拠は、行動主義が観察可能な行動にのみ焦点を絞っているのに対して、ヒューマニスティック・アプローチは観察不可能な個々人のプライベートな内的世界に焦点を絞っているからである。以下のセクションでは、ヒューマニスティック心理学の理論、特にその観点がいかに教室での実践に応用されるのかを見ていくことにする。

ロジャーズ

カール・ランサム・ロジャーズ（Carl Ransom Rogers: 1902-1989）は、ヒューマニスティック運動の創始者の一人として高く評価されている。ロジャーズは、非指示的な、クライエント中心（client-centered）という、新しいタイプのセラピーを生み出した。しかしこれらの言葉は何を意味しているのだろう。ロジャーズの考えを見ていこう。

・個々人の世界はきわめてプライベートなものであり、人間の行動は、その本人の観点からのみ理解できる。人はそれぞれ、独自のやり方で経験を解釈する。他人に何が起きたのかは分かったとしても、その経験をその本人がどう解釈したかを知ることはできない。だから、「それはあなたにとってどのようなものでしたか」と尋ねるのである。

・人間の経験の究極の目標は、自己実現である。（自己実現とは、われわれの可能性を十分に開花させている状態である。）

・われわれは、ある特別なタイプの関係性を通して、他人を理解しようと努めることができる。（ロジャーズは、クライアントがセラピストから尊重され認められる必要があること、またセラピストは思いやり、共感、受容の態度でクライアントとコミュニケーションをとるべきことを論じた。クライアントは自分が受容されていると感じると、安心した環境のなかで自らの内的経験を探索し始めることができる。そして、このような内的世界の自己探索を通して、自己実現へと向かうことができるのである。この意味で、ロジャーズのセラピーは非指示的でクライアント中心であり、セラピーをコントロールしているのはクライアント自身なのである。）

（LeFrancois, 1997; Kirschenbaum and Land Henderson, 1990）

カーシェンバウムとランド・ヘンダーソン（Kirschenbaum and Henderson, 1990）によれば、ロジャーズの教育論は、セラピーに対する考え方をそのまま発展させたものである。ロジャーズ（1957）は、教育について、以下のような個人的見解を述べている。

・「思うに、他人に対して教えられるような物事はたいていあまり意味がなく、その人の行動に決定的な影響を与えることはない」（p.302）。

・「行動に決定的な影響を与える唯一の学習は、学習者が自ら発見した、学習者にとって最適な学習なのではないかと、私は感じるようになった」（p.302）。

・「このような経験が示唆しているのは、もう教えることは止めたほうがいいということである。人々は学びたいと思ったら、自然に集まってくるものであろう」（p.303）。

・「試験も廃止したほうがよい。試験で測れるのは大して重要ではないタイプの学習だけだ」（p.303）。

・「同じ理由から、成績評価や単位履修も必要ない」（p.303）。

・「学位も廃止したほうがよいだろう。（省略）学位とは、学習の締めくくりや、何かを終えた印となるものだが、学習者は継続的な学習のプロセスにのみ関心を持つのである」（p.303）。

ただし、これらは個人的な見解であって、ロジャーズ自身も、自説が現実離れしていることを認めていたことは強調しておく必要がある。しかし、おそらくロジャーズは、学習とは何か、本来の学習とはどのように感じられるのか、そしてどのような目的に向けて進むべきか、という議論の端緒を開くことを意図していたのである。

ロジャーズの教育論は次第に発展し、1977年に書いた論文では、伝統的な教育と人間中心のアプロ

表2-2　伝統的な教授法と人間中心主義アプローチによる教授法との比較

	伝統的な教授法	人間中心主義アプローチによる教授法
教師と生徒の関係	教師は知識の所有者であり，生徒はその知識を授かる者である。	教師は自身が安定しており，生徒との関係も確かなものである。そしてその関係が形成される中で，生徒が自ら学ぶ能力を持っていることに堅い信念を抱くようになる。
教授スタイル	講義や教科書を用いて，教師が生徒に知識を伝授する。	教師は学習に対する責任を生徒と分かち合う。
教授環境	・教師が権力を握っており，生徒の役割は服従することである。 ・信頼関係はほとんど存在しない。 ・権威に重きがおかれている。 ・生徒は断続的に，場合によっては常に恐怖の感情に支配されている。 ・実践の中で民主主義とその価値はないがしろにされる。 ・全人的(whole person)には尊重されない。	・生徒は1人あるいはグループで，自らの学習プログラムを作成する。 ・個人の成長を促すような学習風土が提供される。 ・学習を継続していくプロセスに焦点が当てられている。
評価システム	試験によって生徒が必要とされる知識をどの程度習得できたかを測定する。	学習者が学習の評価を自ら行う。

ーチ（person-centered approach）とを比較検討している。伝統的な教育として挙げたものの中には、行動主義者が盛んに唱えるアプローチも含まれている。

◆ヒューマニスティック・アプローチを応用する

このトピックについて述べるのも、非常に大胆ではある。ヒューマニスティック・アプローチをいかに具体的に教室での実践に応用することができるのかは、まだ明確とはいえない。カーシェンバウム（1975）は、ヒューマニスティックな教育とは何を指すのかを厳密に定義するのは難しいと述べている。この難しさは、ヒューマニスティックな教育はいくつかの関連するアプローチを包括した用語であるという事実に由来している。それらのアプローチは、以下のように分類できる。

1　**ヒューマニスティックな内容の教育課程**　カリキュラムは生徒の生活に関係のあるもの（たとえば、薬物乱用防止教育）が選ばれる。ゆえにカリキュラムそのものはヒューマニスティックでも、伝統的な方法で教えることができる。

2　**ヒューマニスティックなプロセスで行う教育**　カリキュラムは生徒の全人的面に焦点を当て、生徒に生活スキル（たとえば、アサーティブネス・トレーニング）を教える。生活スキルとは生徒が能力を高め、全人的に人間になるために必要なスキルである。

3　ヒューマニスティックな学校やグループの構成　このアプローチは、ヒューマニスティックな教育をさらに追求するために、学校や学習環境を再構築することを意味する。

・このアプローチを学校レベルで見ると、開かれた教室づくり、クラスミーティング、評価についての代案システムを探る、などの工夫が行われる。

・クラスレベルでは、以下のことを目指している。

(a)生徒は、教育活動および日常の活動において、自ら選択し、決定することができる。

(b)カリキュラムは、生徒が自ら関心を持っていること、すなわち、それを学ぶことが大切だと思える内容に焦点を合わせる。

(c)生活スキルに焦点を合わせる。これは思考スキルと対人スキル(分かち合い、効果的にコミュニケーションするなど)の統合を伴う。たとえば協同学習(co-operative learning)の一部としてこれを応用できるだろう。

(d)生徒は自らを評価し、自分で設定した目標に向かって日々の進歩を確認する。

(e)教師はファシリテーターの役を務める。生徒をサポートし、誠実であることがファシリテーターの役目である。ファシリテーターとしての教師は、学習プロセスにおいてある種の役割を担いながらも、学習のプロセスそのものをコントロールすることはなく、生徒と同じように学習者としてその場に存在している。

ヒューマニスティックなプロセスで行うカリキュラムの例

協同学習

ジョンソンたち（Johnson *et al.*, 1984）は、協同学習を成立させる4つの要素をまとめている。

- **肯定的な相互依存**　これにより、生徒は共通の目標に向かって教材を共有しながら作業を進めることができる。
- **個人責任**　生徒はみな最終成果に寄与しなければならない。
- **対人関係スキルと小グループ活動のスキルの向上**　グループでの学習プロセスを通して、社会的スキルを高めることを目的としている。
- **向かい合っての相互交流**　この学習に取り組む上で、欠かすことのできない要素である。

協同学習のテクニックの例

スマート先生は担任している5年生のクラスを5つのグループに分けた。それぞれのグループに課せられたのは、気に入ったわらべうたかおとぎ話を劇に仕立てて、学校の集会で上演することだった。上演までの作業をさまざまな役割に分けてみると、脚本を書く、招待状を送る、衣装を作る、作業日誌をつけるなどが

> ある。生徒は全員役割を与えられており、その意味で、それぞれの生徒は相互に依存している。作業日誌をつけ、誰が何をしたのかを記録することで、生徒たちは互いに責任を担う。このグループ学習の課題となる社会的スキルは、相手の言うことをよく聞き、互いに褒めることである。そこで教師は生徒たちに、これからすべきことについて誰かが提案したときには、次のようなやり方で記録をとるようにと頼んだ。「＿＿＿さんが＿＿＿しようと提案しました。これは楽しそう＿＿＿、面白そう＿＿＿、いい考えだと思いました、難しすぎます＿＿＿」
>
> （生徒は選択肢の一つを選んでチェックする。）
>
> このグループ活動では、互いに向かい合っての相互交流の機会が豊富である。

協同学習の評価

このアプローチの価値は、多くの証拠に裏づけられている。このアプローチは、学問的なスキルを教え身につけさせるというニーズと、対人的スキルや生活スキルを身につけるというニーズのバランスをうまく取っていると、大方に評価されている（Snow and Swanson, 1992; Johnson and Johnson, 1994）。さらにこの方法は、障害のある子どもを通常学級に迎え入れて統合教育を行うときにも効果が認められている（Putnam, 1993）。

エモーショナル・リテラシーの教育

ヒューマニスティックな枠組みを用いた応用例として比較的新しいのが、エモーショナル・リテラシー（emotional literacy）の教育である。ゴールマン（Goleman, 1996）はエモーショナルな知能（emotional intelligence）の重要性を指摘し、セルフ・サイエンス、すなわちエモーショナル・リテラシー教育の必要性と、それがもたらす利益について述べている。このアプローチは、学習に情動や感情が果たす役割が重要だ、ということを言っているだけではなく、エモーショナル・スキルの教育を目的としている。ゴールマン（Goleman, 1996）によると、エモーショナル・リテラシーのプログラムを組み込むことで、子どもの学力到達スコアも向上した。プログラムの内容は、自分の感情への気づき、感情のコントロール、感情を創造的に利用する方法、情動の読み取り、人間関係を円滑に処理すること、などが含まれている。エモーショナル・リテラシー教育の必要性について、ゴールマンは次のように述べている。

> 今日のようにあまりにも多くの子どもが、心の動揺に対処する能力、人の話を聞き注意を集中する能力、衝動を抑制する能力、自分のすべき勉強にしっかり取り組む能力を十分に備えていない時代には、こうした能力を支えるスキルを身につけさせることが、教育上の助けになるだろう。その意味で、エモーショナル・リテラシーは学校の教育機能を高めるとも言える。（p.284）

ヒューマニスティック・アプローチの評価

ヒューマニスティックなアプローチは、曖昧で分かりにくく、不明瞭だと言われる。生徒は好きなことを学んで楽しいかもしれないが、彼らは必要な内容を学習しているだろうか。もちろん次に問うべきは、生徒に必要な学習内容を誰が定義するのかである。スキルや学力の向上に価値をおく社会では、ヒューマニスティック・アプローチを用いて効果的に学力が身に付くかどうか、疑問が残るだろう。しかしこれまで見てきたように、ヒューマニスティック・アプローチはさまざまな意味を持っている。この方法は、カリキュラムの内容、教授法、あるいはその教師固有の対人関係スタイルなどに適用できる。これまでに名前の挙がった理論家たち、たとえばスキナー、ピアジェ、ブルーナー、ヴィゴツキー、ロジャーズなどの唱える教授法は、それぞれまるで違っているように感じられるかもしれない。しかし現実には、教師が一人ひとりの生徒に合わせて、あるいは個別の授業に合わせて、さまざまなアプローチを採用することが可能なのである。教師は複数のアプローチを組み合わせて用いることができるので、どのアプローチが最も効果的かを判断することは難しい。

◆――まとめ

行動主義による学習へのアプローチは、目で見ることのできない観察不可能な認知的要因ではなく、観察可能な行動のみに焦点をあてている。古典的条件づけによる学習観は、条件づけられた情動反応の重要性を明らかにした。一方、オペラント条件づけでは、行動は環境の随伴性によってコントロールされているとみなす。この理論によると、ある人が特定の行動をとる確率は、その行動の過去の結果、つまりその行動が罰せられたか、あるいは強化されたかに依存している。オペラント条件づけの考え方をうまく応用したのが、行動のＡＢＣ分析（先行条件、行動、結果）と、適切な行動を形作るためのシェイピングである。

以上とは対照的に、ヒューマニスティック・アプローチでは、目に見えない内的経験に焦点が合わせられる。そして感情のもつ役割を認め、それを学習経験の中に組み込むべきだと強調する。このアプローチの応用例としては、協同学習とエモーショナル・リテラシーの教育がある。

読書案内

Kirschenbaum, H. and Land Henderson, V.（eds）（1990）*The Carl Rogers Reader*, London: Constable.（Ｈ・カーシェンバウム、Ｖ・Ｌ・ヘンダーソン編／伊東博・村山正治監訳『ロジャーズ選集――カウンセラーなら一度は読んでおきたい厳選33論文』誠心書房 2001.）この本には、ロジャーズの著作から選び抜かれた論文が収められている。特に教育に関する章は非常に興味深い。

Richelle, M.N.（1993）*B.F. Skinner: A Reappraisal*, Hove: Erlbaum. この本には、教育学へのスキナーの貢献

をまとめた非常に有益な章がある。

第3章　教育評価

◆はじめに

本章ではまず始めに、なぜ教育の専門家や教師、教育学者たちが学業成績を評価することに関心を注いでいるのか、その理由を考えてみよう。おそらく何らかの理由があるだろうし、何か得るところがあるに違いない。それとも皮肉っぽい生徒がこぼすように、評価とは残酷で風変わりな生徒への罰でしかないのだろうか。

評価（アセスメント）（assessment）にはさまざまな種類がある。知能検査や能力テスト、全国標準学力診断テスト（SAT）、さらにそれらに加え、もちろんクラスで行われる非公式のテストもある。これまで評価の限界について多くのことが論じられてきた。知能はかなり抽象的な概念であり、正確に測定するのは不可能であるという見解がある。また、SATのような形式の評価は、学校間に競争的な雰囲気を作り出しているという意見もある。この章ではバランスの取れた見方に努め、教育評価によって得られる利点とその限界の両方を検討していく。また同時に、評価に関する既存の理論的概念を説明することと、これらの概念がどのように応用できるかを示すこととのバランスを取りながら、記述を進めていこうと思う。

◆心理測定とは何か

心理測定（psychometrics）には二つの意味がある。第一の用法では、すべての心理検査を指す。たとえば、さまざまなパーソナリティに関する測度（学習スタイル質問紙を含む）のテストや評価、知能を測定する指標を作り出したり、さまざまな職業に就こうとする人の適性を決めることなども含んでいる。第二の用法では、数学や統計学の原理を心理学のデータに適用することを意味する（Reber, 1985）。数学や統計学の原理は、教育場面で用いられるさまざまな評価法を検討するのに使えるので重要である。それらの原理には以下のようなものがある。

・**基準化**（norming）　基準化するには、偏りのない代表性のある被験者をサンプルとして選び、テストを受けてもらう。そしてその結果を元に、遂行成績の水準を確立する。たとえばどのスコアならばAの評点で、どのスコアならBの評点なのかを定める。

・**信頼性**（reliability）　信頼性とは、測定の一貫性のことである。一貫性があるかどうかは、いくつかの観点から確認できる。

（a）再テスト法（test-retest）では、ある機会におけるある人のスコアが、他の場合のその人のスコアとどの程度関連があるかを測定する。

（b）同じ構成概念を測定しようとしている二種類のテストの成績、あるいはあるテストとそのテストの代替となるテストの成績が、どの程度類似しているか。

（c）テストを評定する採点者間に、どの程度合意があるか。

（d）評価者あるいは採点者の評定が、採点を行っている期間中どの程度一貫性があるか。

（e）テストの内的整合性。これを測るためには、あるテストの半分と残りの半分のスコアを比較する。この方法は折半法信頼性（split-half reliability）と呼ばれている。

・**妥当性**（validity）　妥当性とは、あるテストが測定していると仮定している特性を実際に測定している程度のことである。これはよく、構成概念妥当性とも言われる。構成概念妥当性は、内容妥当性と予測妥当性の二つに分類できる。予測妥当性は、その測定道具あるいはテストが、どの程度未来の推測に使うことができるかの評価である。たとえば、ＩＱテストの場合では、将来の学業成績の良し悪しを推測しうる。内容妥当性は、ある領域における知識を測るテスト、たとえば古代エジプトの歴史に関するテストが、どの程度その領域における知識を実際に測っているかを評価する。そのテストである人が高スコアを取った場合、その人は古代エジプトの歴史について、実際にはどのくらい理解していると言えるだろうか。

・**項目分析**（item analysis）　テストの特定の項目は、どのくらいの人数の生徒がそれぞれの質問に正解あるいは不正解であったかという観点から分析が可能である。また、各項目に何らかの偏りが含まれていないかどうかという観点からのチェックもできる（Corsini and Auerbach, 1996）。

◆さまざまなタイプの心理検査

ＩＱテスト

ビネーとシモンが最初のＩＱテスト（知能検査）を開発したのは１９０５年である。彼らが目指したのは、知能を測定できる客観的なテストを作り出すことだった。このテストを基準として、公教育のシステムで教育される子ども、特殊教育を必要とする子ども、教育が不可能であると判断され施設に入れる必要

MA（精神年齢）÷ CA（生活年齢／実年齢）× 100 ＝ IQ

ある10歳の子どもの精神年齢が12歳ならば，IQは120になる

$$\frac{12}{10} \times 100 = 120$$

のある子どもを区別することが期待されていたのである。このテストはその目的を果たし、続いて研究が進められたテストによって、これらの３つのグループ内においても能力に区別をつけることが可能になった。

ささやかなスタートを切った知能／知的能力のテストは、大きなビジネスへと発展していった。従来ＩＱ（知能指数）は上の数式によって計算されている。

最近では、ある子どもの成績を同じ年齢の子どもたちの集団で得た結果と比較することによってＩＱを計算している（基準化）。しかし、依然としてスコア１００が平均であると定義されている（Bee, 1989）。

表３-１は、ＩＱスコアによる分類である。集団が十分に大きければ、そのうちの67％の人のＩＱスコアは85から１１５になる。また、96％の人のＩＱスコアは70から１３０までに入る。

知能検査では、さまざまなタイプのテストにおける成績の基礎となる「一般知能（g）」があると仮定されている。その一方、この一般知能と並行して、ある特定の課題にのみ効果を発揮する「特殊知能（s）」もあるとされている。「それゆえ、どのような知的活動においても「g」が関わっており、それに加えて個々の活動に特有の一種類あるいは複数の「s」因子も関わっている」（Fontana, 1995, p.103）。

知能検査に関して重要なポイントとなるのは、それらは知能の基礎をなす能力を測定

表3-1　IQスコアによる分類ラベル

IQ	分類
130以上	最優秀
120-129	優秀
110-119	平均の上
90-109	平均
80-89	平均の下
70-79	境界知能
55-69	軽度学習障害
40-54	中度学習障害
25-39	重度学習障害
0-24	最重度学習障害

引用：Atkinson *et al.*, 1993

しようとしているのであって、特定の学習プログラムの成果を測るのではないという点である。ナショナル・カリキュラム・テスト（全国共通指導要領に基づくテスト）のような到達度テストは、特定のプログラムに基づいて教えられた成果、あるいは具体的に知っていることが示された知識を測定する。それに対して知能検査では、個人の経験を反映してはいるものの、特に学校のカリキュラムで教えられるのではない能力を測ろうとしているのである。

ウェクスラー式知能検査

イギリスで最も広範に用いられているＩＱテストは、ウェクスラー式知能検査である。ウェクスラー式知能検査は個人検査、すなわち心理学者が生徒個人に対して行うテストの代表例である。ウェクスラー式知能検査は、言語性検査と動作性検査の二つの検査で構成されている。それぞれの検査にはいくつかの下位検査が含まれる

表3-2　ウェクスラー式知能検査

言語性検査	動作性検査
・知識と理解：社会におけるルールや概念の理解。質問例：「目はいくつありますか」「なぜ人は雪が降るとブーツを履くのでしょうか」。	・絵画完成（絵の中に欠けている部分を探し出す能力。例えば、ドアノブがないドアなど。）
・算数（暗算のテスト）	・絵画配列（意味のあるストーリーが出来上がるように、いくつかの絵を並べ替えるテスト）
・類似（言語による推理のテスト。例：「りんごとバナナはどのような点が似ているでしょう」）	・積木模様（二次元に書かれた図柄のとおりに積木を組み立てるテスト）
・単語（単語を定義する能力を測定する。例：「ダイヤモンドとは何でしょうか」）	・組合せ（ジグソーパズルタイプのテスト）
・数唱（短期記憶容量を測るテスト）	・符号（形にぴったり合うように記号や数字を描く）

（Salvia and Ysseldyke, 1998）。言語検査では、「語彙」や「理解」などの下位検査の成績を測定し、言語を用いて遂行される。一方、動作性検査では、ブロック、絵などを実際に動かしたり、並べ替えたりする作業がなされる。

認知能力検査

認知能力検査（cognitive ability tests, CATs）は集団検査の代表例であり、同時に多数の人に対して行うことができる筆記式検査である（Thorndike *et al.*, 1986）。認知能力検査は第3学年から第11学年の生徒を対象としている。この検査では、特定の領域に関する能力を測定する。

・**言語的推理**は、穴うめ問題の形式で測定される。例、「この本はあまり——ない。読んでいるうちに眠くなってしまった。」生徒は下記の単語からふさわしいものを選ぶ。

面白く　退屈で　悲しく　空腹で

・**数量的推理**では、数や記号を用いる。この検査では科学と数学に関する潜在的な能力を示す。たとえば生徒は2つの数の概念がどのような関係にあるかを尋ねられる。例、「1ポンドは75ペニーと（同じである、より大きい、少ない）。

・**非言語的推理**では、言語の媒介なしに、幾何学的あるいは空間的な操作を行う。生徒は図3-1に描かれているような列を完成させる。

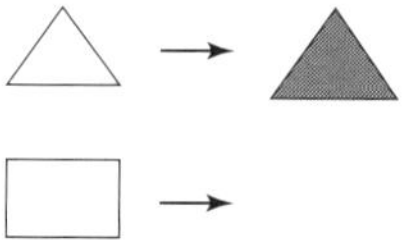

図3-1　非言語的推理の例

◆心理検査の有用性

・**特別なニーズの診断**　標準化された知能検査（たとえばウェクスラー式知能検査）におけるスコアが70以下の場合、広汎性学習障害（global learning disabilities）の可能性が指摘される。通常はＩＱ70以下で特別な教育が必要であると判断され、特殊学校に配置される。多様な下位検査における成績に偏りがある場合、特定の学習障害の可能性が示唆される。たとえば、**読字困難**の子どもの場合、絵画完成、絵画配列、理解、語彙については平均あるいは平均以上の能力を示すが、数唱と符号化については平均よりもかなり低いスコアになる（Thomson, 1990）。

・**介入的措置の照会**　学校では認知能力検査の結果を基準設定に利用する。もし生徒がこの基準に満たなかった場合は学業不振が認められ、介入的措置が必要となる。

・**セッティング／能力別学級編成**　学校で認知能力検査スコアに基づいた能力別学級編成を行い、同じような能力を持った生徒を一つのクラスにまとめる。

・**個人検査と集団検査のメリット**　ウェクスラー式知能検査は個人検査であり、口頭で行われることによる利点がある。テスト項目に対する回答が、質問を読解する能力や答えを書き記す能力に依存しないのである。一方、認知能力検査は集団検査なので、学校で多くの生徒に一斉検査を行い、その結果を基準設定や能力別学級編成の基礎資料として役立てることができる。

・**ダイナミック・テスト**（dynamic testing）　レーヴンのマトリックス検査（Raven's Progressive Matrices）は使用頻度の高い能力テストで、ダイナミック・テストとして利用されている。これは個人の能力だけではなく、潜在能力の測定も可能であると考えられている。レーヴンのマトリックス検査を5名の「ニューディール・クライアント」、すなわち学校からドロップアウトし、仕事を転々としているクライアントに実施した。テスト終了後、「ニューディール・クライアント」たちにはこのテストの一般的な回答方法を教えた。その後、同じメンバーに違うバージョンのダイナミック・テストを再び行った。すると指導を受けた5人のクライアント全員が全問正解できたのである。彼らの元来のスコアは50パーセントから75パーセントであった。生徒を対象にした同様の調査でも、同じような結果が得られた。つまり、ダイナミック・テストとは、雇用者や教師がこれから雇用する労働者や生徒の現在の能力だけではなく、潜在的な学習能力も測定できる方法なのである（Pickard, 1998）。

◆心理検査の限界

・**妥当性**　知能を時や地域、領域によらず共通なものと仮定し、一般的認知遂行成績を測定するテストでは、個人の知識を正確にとらえるのは不可能であると論じられている。ミラー‐ジョーンズ（Miller-Jones, 1989）は、文化的実践理論と認知遂行成績の文脈分析の立場から議論を展開している。彼は、学習とは特定の文脈や環境においてなされるものであり、必ずしも他の文脈に一般化されるものではないと主張する。この例としてよく挙げられるのは、スーパーマーケットという特定の文脈に依存した数学の計算ならできる人が、もっと形式的な教育場面においては計算できなくなる例である（Cumming and Maxwell, 1999）。

・**信頼性**　現代の心理測定は、膨大な時間をかけて信頼性の指標を作り上げてきた。テストの内的整合性は、折半法信頼性によって測定される。テストのスコアはそれ以外の要因によっても変動するが、それに関しては「遂行成績 対 能力」という別のテーマとして、次に検討しよう。

・**遂行成績 対 能力**　私たちが知っていること、すなわち能力（ability）と、他者にこの能力を表現してみせること、すなわちテストの当日どのくらいの成績が取れるか、ということに違いがあるのは、誰でも直感的に理解できるだろう。遂行成績に影響を与える要因は複数ある。

（i）**質問に対する理解**　認知能力検査は筆記検査なので、成績はその生徒が質問を読んで理解できるかどうかに左右される。

（ii）**試験者の影響**　ウェクスラー検査は個人検査であるが、それによって派生する難点もある。個人検査では、試験者の行動が被試験者の成績に関わる重要な要因になる。もし生徒が試験者を威圧的だと感じたら、結果としてスコアは低くなる。もし試験者が望ましい反応にわずかでもヒントを与えたら、たとえば正しい答えのほうに目をやるなどの不注意なボディ・ランゲージを示したなら、その結果スコアは高くなるだろう（Fontana, 1995）。

（iii）**テスト結果への期待**　自分の能力についての自信は、遂行成績に影響するだろう。

（iv）**テストへの動機**　高スコアを取りたいという意欲が、遂行成績に影響するだろう。

（v）**社会経済的要素**　研究によると、ＩＱの平均スコアは社会経済的地位に比例してスコアが高くなるが、その理由は明らかではない（Fontana, 1995）。この比例関係についてはさまざまな理由が考えられる。一般的に社会的・経済的地位が高い家族群は、コンピュータ、インターネットアクセス、書籍等の教材や教具を子どもに与えることができる。このような家族では、子どもに苦手な分野があれば、家庭教師を雇うこともできる。すなわち、より複雑で刺激的な家庭環境を提供できると推測される。そして両親自らが、強力な役割モデルとなりうる。

・**ジェンダーの問題**　知能検査の総合的スコアには、取り立てて重要と思われる性差は見られない。しかし特定の能力に関しては、確かに差がある。男子生徒は視覚空間能力の指標において平均的に女子生徒よりスコアが高く、さらに小学校中学年あたりから数学のテストでもスコアが女子生徒を上回る。一方、女子生徒は言語分野における複数の指標において男子生徒を上回っている（APA, 1996）。

・**民族集団の問題**　各民族集団の間におけるＩＱスコアの差に関する問題は、多くの論争の的となっている。これまで、ＩＱテストが文化的に公平かどうかに、批判がなされてきた。現代のＩＱテストは、そのようなバイアスを排除しようと腐心してきたものの、ＩＱテストは文化的に拘束されている、言い換えると西洋的な知能観を反映している、という議論もある。しかし、西洋社会の内部においても、民族集団の間にはＩＱスコアの差が見られる。どのＩＱレベルにもすべての民族集団出身者が分布してはいるが、白人のアメリカ人の平均スコアは黒人のアメリカ人よりも高い。アメリカ心理学会

（APA, 1996）の報告によると、この結果は被験者の社会経済的地位の差によるものではなく、テスト構成に明確なバイアスがあったわけでもないという。さらに、これらの事実には遺伝子的な解釈を立証する証拠はないとも述べられている。このような差が生まれる原因は明らかにされていない。このような差が生じる原因について議論するならば、ＩＱテストが実際には何を測定しているのかを思い起こすことが必要不可欠である。ナイサー（Neisser, 1997, p.1）は、次のように述べている。ＩＱテストは、「学校での成功に関係のある、ある種の能力を見るものであり、その傾向は非常に一貫している。一方で、多くの重要な認知的特性――創造性、知恵、実践的なセンス、社会的感受性――は、ＩＱテストでの測定は不可能である。」

要するに、能力テストは決してオールマイティではないが、評価の第一歩と考えれば有効なものである。教育上の決定を下す際には、能力テストを他の形式の評価と組み合わせて用いる必要があることを、常に心に留めておかなくてはならないだろう。

◆各学年段階における成績評価のタイプ――ナショナル・カリキュラムとキー・ステージ

１９８８年教育改革法と１９９６年教育法によって、イングランドおよびウェールズの学校に通うすべての子どもはナショナル・カリキュラム（全国共通指導要領）に従って教育を受けることが定められた。

表3-3　ナショナル・カリキュラム：キー・ステージ

キー・ステージ	年齢	学年	教授科目	達成レベル	評価
キー・ステージ1	5-7歳	第1-2学年	英語,数学,理科,ICT（情報通信技術）,デザインとテクノロジー,歴史,地理,アートとデザイン,音楽,体育,宗教教育	1から3までの評点	キー・ステージ終了時の評価,SAT（英語,数学,理科）,教師による評価
キー・ステージ2	7-11歳	第3-6学年	キー・ステージ1と同様	2から5までの評点	キー・ステージ1と同様
キー・ステージ3	11-14歳	第7-9学年	キー・ステージ1,2の科目に加えて現代外国語と性教育	3から8までの評点；ただし8を得るのは非常に優秀な生徒のみ	キー・ステージ1,2と同様
キー・ステージ4	14-16歳	第10-11学年	英語,数学,理科,デザインとテクノロジー,ICT,保健体育,性教育	評価なし	GCSE（一般中等教育資格試験）

ナショナル・カリキュラムは、どの科目をどの年齢で教えるべきか、どのレベルを到達目標として定めるか、という点について、そのアウトラインを包括的に記した文書である。表3-3は、ナショナル・カリキュラムの基本部分についての詳細をまとめたものである。

ナショナル・カリキュラムは非常に詳細に記述されている。各々の教科について、授業で取り上げるべき領域を示し、それぞれに到達目標を定めている。例として理科を挙げてみよう。表3-4は、理科のキー・ステージ1において扱う、それぞれのトピックの教育方法と評価法をまとめたものである。

表3-4では、教科内容とその評価基準に関して、ナショナル・カリキュラムが包括している領域の全体像がいかに詳細かを示している。ただし到達レベルに関しては、表3-

表 3-4 「理科：生命プロセスと生物，生命体としての緑色植物」

キー・ステージ	学習する プログラム内容	到達のレベル 評価基準
キー・ステージ 1	(a) 植物の成長には光と水が必要であること (b) 花を咲かせる植物の葉，花，枝，根について，それぞれの部位を区別し，名前を覚える (c) 花を咲かせる植物のライフサイクル。生長し種ができると，それが次の植物に育っていくこと	**レベル 1** 生徒は植物の外部組織について「葉」や「花」などの言葉を用いて各部位を区別し，名前を覚える。様々な植物の色や葉の大きさなどの特徴を観察し，記述する。 **レベル 2** 生徒はそこで得た知識を用いて，植物の生命維持に必要な水，養分，空気，光などの供給についての基本的な条件を記述する。特徴を簡単に見分けながら，植物をグループごとに分類する。 **レベル 3** 生徒は成長やリプロダクションに関して得た知識をもとに，生命体と非生命体の違いを記述する。また，生命体の変化に関して簡単に説明できるようになる。たとえば，水や光のない環境が，植物の成長をどう変化させるか，など。

引用：1995年ナショナル・カリキュラムより抜粋

4にリストアップされているコメントは、ガイドラインの一部を示したものである。

上述の通り、各キー・ステージの終わりには全国標準学力テストが行われる。しかし、学校では全国規模のテストに加えて、より日常的に評価が行われていることは、各人の経験に照らし合わせてみても明らかだろう。

さまざまなタイプの教育評価

教師には多様な評価のオプションがあるが、それらの検討に入る前に、まずいくつかの用語について定義しておく。

・**形成的評価**（formative assessment）とは、学習活動の途中で日常的に与えられるフィードバックを指し、教師が生徒の学習を援助するために行うものである。
・**総括的評価**（summative assessment）とは、ある一定の時点における個人の学力を、スナップ写真のように瞬間的に切り取ったものである。
・**集団基準準拠による評価**（norm-referenced assessment）とは、ある課題に関して、他者の成績との関係を基準とする測定基準を用いて評価を行うことを指す。これによって各個人の比較が可能になる。ＩＱテストやＡレベル試験（大学受験資格のための全国統一試験）など、個人の成績が出る試験はすべて、集団基準準拠による評価と考えてよい。

・**達成基準準拠による評価**（criterion-referenced assessment）も同様に、他者との比較が可能である。しかし、このタイプのテストで生徒が合格するためには、あらかじめ決められた基準を満たしていること、言い換えると、学習の成果がある一定基準に達していることが条件となる。この評価の例としては、運転免許試験を挙げることができる。別の例としては、ＧＮＶＱ（一般全国職業資格）あるいはＮＶＱ（全国職業資格）のいくつかのコースがある。このコースのシラバスを見ると、指定されたすべての学習項目を達成した証拠を示さなくては、コース終了が認められない。

表３-５と表３-６は、さまざまな評価方法に関して、それぞれの長所と短所の概要を示したものである（Clarke 1998を参照および引用）。

表3-5　総括的評価

評価方法	長所	短所
国際テスト，全国テスト	・国際テストは国ごとの比較が可能になる。それによって改善が必要な領域が明らかになる。 ・全国テストは生徒間の，あるいは学校間の比較が可能になる。 ・テスト結果を参照しながら目標設定ができる。例えば，政府案ではキー・ステージ2の75%の子どもがレベル4以上を獲得することが目標とされる。	・このような比較は妥当性が低い。 ・リーグ・テーブル（学校成績順位一覧表）の公表によって必要以上に競争が煽られる可能性がある。 ・全国テストは，結果的にテストのための教育を生み出す。 ・リーグ・テーブルから分かることは限られている。
任意で行われる，SATテストを実施しない学年のための非法定の全国テスト	・生徒の進歩の度合いが分かる機会。	
ベースライン・テスト	・就学時の子どもの能力を測定するテスト。このテストを基にして未来の進歩の状況を予測する。これは付加価値指標，すなわち個人が進歩する範囲を算出するために必要なデータになる。	・リーグ・テーブルとして公表される情報に，付加価値要素が加わる可能性がある。 ・両親が自分の子どもを行かせる学校を選択するとき，生徒の進歩の度合いが最も大きかった学校を選ぶかもしれない。

業者が作成したテスト（例：ニール読解分析テストNeale Analysis of Reading Ability）	・教師や学校側がキー・ステージごとの進捗の程度をモニターできる。 ・年齢標準が詳細に示された標準化されたテスト	・購入する必要がある
校内テスト 学校内で行われる教師自作のテストで，各単元の到達度を評価するために行う。	・教師が到達度をレベルを設定し，進歩状況を判断することが可能。	・妥当性と信頼性の問題がある。 ・成績が正しく能力を映し出しているかどうかの問題がある。
日々行われる授業中のテスト	・教師が進歩状況を把握できる。 ・生徒が学習内容の復習をするようになる。	・妥当性と信頼性の問題がある。
キー・ステージ終了時の，教師による評価 教師は説明記述と専門的判断を用いて到達度を設定する。	・キー・ステージ終了時の評価に関する妥当性の指標としてクロス・チェックが使われる。	・教師の評価とSATスコアに差が見られたとしても，その理由を究明するのは難しい。教師が到達レベルを誤解釈しているのか，あるいは生徒のSATの成績に影響を与えるような要因があったのだろうか。

表 3-6　形成的評価

評価方法	長所	短所
学習の目的を分かち合う 1時限ごとに行う	・生徒（児童）が授業の目的を理解できる。 ・課題への集中力を高める。 ・生徒の積極的な参加を促す。	・教師がすべての学習目標を終えることができなかった場合，その理由が何であっても生徒に伝わってしまう。
生徒による自己評価 生徒は自分の達成度をあらかじめ定めた目標と比較しながら評価・診断できるように訓練を受ける。	・生徒に自分でできるという感覚を与える（エンパワメント）。 ・生徒自身が学習活動を振り返る作業に積極的に関与できる。 ・もし生徒が目標としている成果を達成できなかった場合，その理由を説明する必要に迫られる。するとそれによって，教師は生徒の観点についての新たな理解と展望を与えられることになるだろう。	・生徒に自らの到達度や成功を評価する意欲があることを前提としている。 ・学習成果が一人ひとりの生徒にとって実感の持てるものではなかった場合，生徒はまた「なぜできなかったのか」の理由を書き綴らなくてはならないことにうんざりしてしまうだろう。
採点 生徒は自分の達成度をあらかじめ定めた目標と比較しながら評価・診断できるように訓練を受ける。	・進歩状況を追う。 ・生徒に各自の強みと弱みを知らせる。 ・将来の目標設定につながる。	・採点には技術が必要である。採点において，生徒の良かった点，改善の必要性がある領域，改善方法のアドバイスなどを伝えようとすると，相当の時間と労力がかかる。

目標設定 生徒は教科ごとに自分で目標を設定する。	・学習過程への関与によって生徒の学習意欲が高まる。	・目標は現実的でなくてはならない。そうでないと，生徒にとっては失敗体験となり，意欲の向上とは程遠い結果になる。
達成事項の記録 作品集などの作成	・生徒の達成が目に見える形で称えられる。 ・進歩の証となる。	・記録を生徒と分かち合うか，生徒の成績記録として保存しておくか，という問題が残る。

◆評価の有用性と限界

妥当性と真正の評価

評価のもつ限界のひとつは、その評価に妥当性があるかどうかに関わっている。妥当性という概念にアプローチする最近の方法は、評価課題が本当に目指している学習成果の到達度を指し示しているかどうかに焦点を当てている。この問題の中心となっているのは、文脈にそった（contextualized）評価、真正の（authentic）評価と言われる、最近注目を集めているテーマである。真正の評価を求める声が挙がってきた背景にあるのは、多くの生徒が学校での成功を、くだらない、意味のない作り物であると考えているという事実である（Newmann and Archbald, 1992）。ウィギンズ（Wiggins, 1993）は、真正の挑戦や条件をきちんと映し出すような評価に賛成の立場を取っている。そして「真正の評価」が「生徒の関心や生活と」切り離された孤独なドリル練習に取って代わるべきであると提唱している。おそらく読者も、教科書に載っている質問の多くが、実生活での出来事に関係づけられていることに気がついているだろう。ここでわれわれは再び、妥当性という概念について検討しなくてはならない。カミングとマクスウェル（Cumming and Maxwell, 1999）は、評価を真正のものにしようとする従来の研究の過程で、彼らが一次の効果と二次の効果と名づけたものの間に混乱が生じている可能性を指摘している。一次の効果とは教師が求めている答えと関連があるものを指し、二次の効果とは、質問を答えるために生徒が知っておく必要のあるその他の概念のことである。これら二次の効果はしばしば、問題が文章化されるときの方法の真正さに関わっている。次の事例研究を見てみよう。

【事例研究】

6年生の教師が「ヴィクトリア朝時代の人々」というテーマで、次のような課題を出した。

「工場改革に関する新聞記事を2つ書きなさい。そのうちの一方は工場主の視点から、もう一方は労働者の視点から書きましょう。」

　この課題を分析してみると、確かに現実に即していてかつ興味深いと見ることもできるが、ここには一次の効果と二次の効果が含まれている。一次の効果は工場での生活や工場改革について生徒にどのような知識があるかを指し示す。これが教師の求める答えである。

二次の効果は、生徒が新聞記事の書き方に関してどの程度の知識を持っているか、生徒の新聞記事を執筆する能力、工場主である人物がそのテーマについてどのような記事を書き、工場労働者がそのテーマについてどのような記事を書くかについての生徒の知識などである。現実には、当時の工場労働者は文字が書けなかっただろう。かなり優秀な生徒なら、工場労働者の苦境に関心を寄せている社会改革主義者の視点から、その記事を書こうとするかもしれない。

重要なのは、この課題における生徒の成績は、彼らの一次の効果と二次の効果に関するスキルにかかっているという点である。そしてこれが課題の妥当性に影響を及ぼすのである。カミングとマクスウェル（Cumming and Maxwell, 1999, p.187）は「生徒も教師も、いとも簡単に課題のポイントを見失ってしまう。すなわち、あまりにも簡単に、二次の効果によって一次の効果が覆い隠されてしまう。――「課題を解くための」媒介がメッセージになってしまう事例である」と述べている。

国際比較

評価によって国際比較も可能になる。国際比較は非常に役立つ側面もあるが、ある種の限界ももっている。

教育到達度に関する国際比較は、いくつかの側面から批判を受けている。その批判の一つが、学力達成における格差は、当該年齢集団において設定されているカリキュラムの内容を反映しているだけなのではないかという意見である。国ごとのレベル格差は、ある概念が何歳で教えられているかという違いを反映しているだけなのではないか。しかし、国際比較を注意深く分析してみると、次に挙げる例のように、役立つ情報が得られる場合もある。

「第3回国際数学・理科教育調査におけるイギリスの成績」(Keys, 1997)

40カ国以上が参加した数学・理科に関する国際調査に、イギリスも参加している。9歳と13歳における数学と理科の成績を調査した結果が、国ごとの比較一覧表にまとめられた。イギリスの成績結果は、他とは異なる様相を見せた。理科の到達度が両方の年齢集団とも、数学よりはるかに高かったのである。報告書には以下のように記されている。

> ＴＩＭＳＳ(第3回国際数学・理科教育調査)の結果がイギリスの教育者・政策立案者に投げかけている重要な問いは、次のようなものである。なぜイギリスの生徒は、理科において比較的優秀な成績を獲得したにもかかわらず、数学では相対的に不振なのだろうか。数学のテストも理科のテストも、同じ学校の同じ生徒が受けている。そして9歳児の小学校レベルでは、大部分の生徒が両方の教科を同じ教師から教わっているのである。それではなぜ、理科を教えるのに比較的成功している教師が、

数学ではあまり成功していないのだろうか。（Keys 1997, p.3）

報告によると、答えは単純ではなく、いくつかの要因を検討する必要があるという。たとえば、

・電卓の使用

イギリスの9歳および13歳の生徒は、多くの場合、数学の授業で電卓を使っている。イギリスの数学成績が比較的振るわなかった理由の一つとして、電卓への依存が指摘されている。しかし、これを裏付ける確固たる証拠は出されていない。

・授業形式

イギリスにおける9歳の生徒が一般的に受けている数学の授業は、個人で勉強し、それを教師にリポートしてもらう形式である。そのため、イギリスの数学成績が振るわなかった理由として挙げられた仮説の一つが、一斉授業の欠如である。しかし、理科の授業でも一斉授業はほとんど行われていない。理科の授業でも、ペアあるいは小グループで勉強を進め、教師がそれをサポートする方法が取られているようである。それでも理科の到達度は高かったのである。さらに複雑な要素もある。イギリスにおいて13歳の生徒はより頻繁に一斉授業を受けているが、一方で、数学で高い達成度を挙げた国々では、この年齢層に一斉授業を行っていなかった。報告書には次のような記述が見られる。「一

斉授業を増やすことで、イギリスの数学成績が向上するとは考えられない」（Keys 1997, p.3）。

結論

報告書の著者は、これらの結果はデータの一次分析であり、今後は数学・理科の領域における教育と学習を取り巻く要因に光を当てた、より詳細な調査が必要であると述べている。

◆評価とカテゴリー化の影響

自己成就予言の可能性

評価の意味することのひとつは、成績に対するフィードバックが、それを受けた人の自己評価にどの程度影響を与えるかということに関わっている。たとえば、小学校1年生の担任教師が、子どもたちを能力別にして読書グループを作ったとしよう。教師は、それぞれのグループに名前を付けた。最も優秀なグループはグリーン、平均的なグループはイエロー、そして一番下のグループはレッドである。一体いつ子どもたちは、自分の能力を他のグループの生徒と比較し始めるだろうか。「僕はあの子とあの子みたいに頭が良くない。頭が良い子はグリーンにいる」と言うだろうか。教師の自分への評価に気がついて、子どもたちは刺激を受けて頑張るようになるのだろうか。それとも、その教師の評価を内面化してしまうのだろうか。もし後者だとすると、それは自己成就予言（self-fulfilling prophecy）の一例である。

ここには複雑な問題が含まれている。ローゼンタールとジェイコブソン（Rosenthal and Jacobson, 1968）はこのテーマに関して有名な研究を行い、教師のもつ役割に光を当てた。ＩＱテストの結果を分析したところ、何人かの生徒が「大器晩成型」であることが判明したので、彼らは必ず学業で花開くはずだと教師に告げる。８ヵ月後、すべての生徒に再びＩＱテストを行った。その結果、「大器晩成型」の生徒のＩＱスコアは30点も上昇し、その他の生徒には特に顕著な向上は見られなかった。この研究で重要なのは、「大器晩成型」と言われた生徒はＩＱテストのスコアで選ばれたのではなく、実はクラス名簿からランダムに選ばれたという点である。ここでの二つのグループの生徒の違いは、教師による期待だけであると考えてよいだろう（付章キー・スタディ――論文２（２３３～２３５ページ）を参照）。この分野での最近の研究では、セッティング、あるいは能力別学級編成が生徒の自己評価にどのような影響を及ぼすか、という問題を扱っている。

セッティング／能力別学級編成

生徒の成績評価を行う目的のひとつは、生徒を能力別グループに編成することである。ＯＦＳＴＥＤ（教育水準監査院）の報告書によって、現在では能力混合グループ編成よりも能力別グループ編成に人気が集まっていることが明らかになった。このような傾向が見られる理由として考えられるのが、ナショナル・カリキュラムの構造化され階層化された形式に沿った授業を行うには、能力別のグループ編成の方が適していると教師が感じているということであろう（Sukhnandan, 1999）。しかし、能力別のグループ編成が学力到達度にどのような影響を与えるのかという点に関しては、疑問が残る。国立教育研究財団（Ｎｆｅｒ）から、この分野におけるデータを概括した報告書が出されている。それによると、以下の事実が明らかになった。

・いくつかの調査結果において、セッティングは生徒の能力の向上に有効な効果があったと報告されている。
・いくつかの調査結果において、能力混合グループ編成は生徒の能力の向上に有効な効果があったと報告されている。
・他の調査結果においては、セッティングは、数学や科学、現代語など特定の教科において能力混合グループ編成よりも効果的であったと報告されている。

総合的に見ると、セッティングの是非をめぐる論争には結論が出ていないようである。しかし、調査結果の分析によってこの問題の複雑さが明らかになり、なぜセッティングの効果が出る集団（あるいは個人）とそうではない集団（個人）との差が生じるのかを説明しようとするならば、他の要因も考慮に入れる必要があることが判明した。

・高い資格を持つベテラン教師が、最上位グループの指導を任されている。
・教師たちは最上位のグループを教えるのを好む。さらに最上位のグループに対しては、最下位のグループに対するよりも高い期待を持っており、より積極的な態度で授業に臨む。
・上位クラスは、教育資源や指導の質の面で恵まれており、ベテラン教師を配置されるメリットも受けている。
・セッティングを慎重に行わなかった場合、それぞれの教科の差を無視してすべてに適応されてしまうことになる。たとえば数学以外の全教科において優秀な成績である生徒が、数学の授業でも最上位のグループに配置されてしまうと、その生徒は困難を感じるだろう。
・最上位のグループに特有の競争的な雰囲気は、女子学生にとってマイナスの影響がある。
・担当するグループの能力レベルにかかわらず、教師がどの程度カリキュラムや教授スタイルを生徒に合わせて柔軟に変更・修正できるかという点は、生徒の学習に影響を与える。
・セッティングは、中位・下位のグループの生徒の態度や自尊心にマイナスの影響を与えてしまう。
・一度カテゴリー化されると、生徒は割り振られたグループに合わせて振舞う傾向が見られる。
・成績が下位の生徒が下位のグループに配置されてしまうと、上位の生徒からのサポートを得られなくなる。成績上位の生徒は、彼らにとって有効な役割モデルを担えるのである。

（Sukhnandan, 1999; Sukhnandan and Lee, 1998）

スクナンダン（Sukhnandan, 1999）は、学校は生徒の学級編成システムを慎重にモニターし、マイナスの影響が現れたときには問題を特定・対応できるようにする必要があると述べている。

セグリゲーション（分離）かインクルージョン（包摂）か

評価やカテゴリー化を考える上で避けることのできない問題のひとつが、特別な教育的ニーズがあると判定された、特殊学校に配置する必要がある生徒の存在である。これは複雑なテーマである。一方では、通常学校と特殊学校のどちらのシステムが生徒にとってより良い教育を提供できるか、という議論がある。その一方で、人間の権利を問題にする議論もある。隔離することは障害を軽減するよりも、むしろ障害を生み出していると主張する理論家もいる（Tomlinson, 1982; Skirtic, 1991）。すなわち、障害は社会的に構成されるとみなす考え方である。障害とは個人が持っている特性ではなく、社会がその人をどう扱っているかによって付与されるのである。幼児期から他の子どもたちから分離されて育ったとすると、その事実はその人にとって何を意味するだろうか。「インクルーシブ教育研究センター」も、以下のような主張を明らかにしている。

子どもたちが、彼らのもつ障害や学習困難を理由にして、阻害され追い払われるような形で低い評価を受けたり差別されたりするような事態は、決してあってはならない。学校教育の間、子どもたちを分離しなくてはならないという主張には、正当な理由などないのである。彼らは他の子どもからの

保護を必要とするというより、何事も一緒になされるのである。（1996, p.10）

つまり、分離することによって、あたかも分離が必要であるかのように受け止められてしまうという問題が、ここでの論点になっているのである。

◆まとめ

本章では、介入的措置のための参照、特殊なニーズの診断、セッティング／能力別学級編成、進歩の評価といったさまざまな機会に用いられる「評価」という行為の有用性について、概観してきた。検討してきた心理測定や評価の形式は多様である。教育評価を考える際に、すべての問題の中心となるのは、「妥当性」と「信頼性」という概念である。どのような形式の評価にも、限界と利点がある。評価によって得られた情報に基づく決定を下すためには、その評価が持つ限界と利点を理解した上で、結果を解釈する必要がある。

読書案内

Clarke, S.（1998）*Targeting Assessment in the Primary Classroom*, Abingdon: Hodder & Stoughton. 非常に親

しみやすく実践的な本。教室での評価について検討している。

Sukhnandan, L. and Lee, B.（1998）*Streaming, Setting and Grouping by Ability, a Review of the Literature,* Slough: Nfer. この領域における文献を非常に包括的かつ読みやすくまとめた批評集である。

以下に挙げる雑誌に掲載されている論文は興味深いものだが、複雑であると感じるかもしれない。評価に関わる最新の研究動向を読むことができるので、教師向けと言えるだろう。

Assessment in Education

Educational Researcher

第4章　特別な教育的ニーズ

◆──はじめに

この章では、特別な教育的ニーズを取り巻く問題を概観する。これから見ていくように、特別な教育的ニーズという表現はあらゆる状況に対応するものであり、非常に広い範囲の困難や障害がここに含まれる。一般的に、各学校は施行細則《コード・オブ・プラクティス》に従う。施行細則は政府文書で、特別な教育的ニーズのある子どもの評価に関するガイドラインを提供している。この評価は段階モデルを採用しており、各段階にはそれぞれ異なるレベルの観察や介入の方法が示されている。特別な教育的ニーズのある子どもの一部は**判定書**（statement）の発行を受け、それ以外の子どもにはＩＥＰ、すなわち個別教育計画が作成される。本章では、さまざまなタイプの特別なニーズについて概観する一方で、**読字困難**（dyslexia）に関わる原因、影響、介入方法、さらにその介入方法の評価について考える。さらに、英才児に関するテーマにも焦点を当てる。

◆特別な教育的ニーズの定義

１９８１年教育法に、特別な教育的ニーズのある子どもについての規定が導入された。教育法によると、学習が困難である子どもは特別な教育的ニーズを有し、特別な教育的手だてが必要とされる。以下の子どもを学習が困難であるとみなす。

・同年齢の大多数の児童と比較して、学習上著しく大きな困難をもつ場合
・当該地方当局の管轄区域内で、同年齢の児童のために学校で一般に提供されている教育設備の使用が妨げられるような障害をもつ場合

（Daniels *et al.*, 1999 より引用）

◆評価への取り組み

施行細則《コード・オブ・プラクティス》

施行細則《コード・オブ・プラクティス》（1994）には特別な教育的ニーズについて詳述されており、該当する生徒を同定し評価することから始まって、サービスを提供し、モニタリングを行うまでの一連の取り組みについて、各学校におけるガイドラインを示している。ここでは、キー・ルートあるいはキー・ステージと呼ばれる「特別な教育的ニーズについて段階化したモデルを広く導入すること」（p.9）が推奨されている。

段階化モデル、あるいはキー・ルート・システム

［ステージ1］学校における同定・評価と活動

まず始めに、両親、教師、あるいはその他の教育専門職にある人が、ある子どもの発達への懸念を表明する。その内容は、学業に関わる場合も、社会的あるいは情緒的な側面に関する場合もある。学業の発達に限って言えば、その子どもがナショナル・カリキュラムのキー・ステージに示されている、年齢に見合ったレベルを習得できない場合がこれに当たる。このステージでは、校長や両親をはじめとする関係者全

員が情報を共有する。懸念される点について調査が行われ、子どもの名前は特別なニーズがある者として名簿に登録される。教師は、その子どもの発達に特に気を配りながら見守る必要がある。子どもはステージ1で数ヶ月を過ごした後、登録を外されるか、ステージ2に進む。

［ステージ2］ サポート機関による助言

子どもの名前が特別なニーズのある者として名簿に登録されると、その学校のSENコーディネーター（special educational needs co-ordinator, SENCO）が責任を持って、担任教師と連携をとりつつ子どもの学習の準備を整える。この時点での重要なプロセスは、個別教育計画（IEP）の作成と、その実施および再検討である。また医師等の専門家にも助言が求められる。

［ステージ3］ サポート機関による取り組み

この時点までのさまざまな取り組みが懸念事項の解決には結びつかなかった場合、このステージにおいて教師とSENコーディネーターは、教育心理士などの専門家にさらなるサポートの助言と関与を求める。

［ステージ4］ 法定評価

教育心理士の助言の下、地方教育当局（LEA）は、子どもに法定評価（statutory assessment）が必要かどうかを決定する。この決定は両親にも通知される。LEAは、両親の意見、成績表、教育心理士や医師による報告書などを参照しながら、その子どもがどのような特別なニーズを必要としているかを調べるために情報収集を行う。LEAは充分な情報が出揃ったところで、特別な教育的ニーズについての判定書を作成するか否かの決定を下す。

［ステージ5］特別な教育的ニーズの判定書

通例では、評価が開始されてから12週間以内には、LEAが判定書を作成するか否かの決定を下し、その結果が両親に通知される。判定書はLEAが発行する法的文書である。調査の結果、特別なニーズのある子どもが在籍する学校が通常の場合に提供できる教育資源の範囲内において、その子どものニーズが無理なく満たされるのが難しいと判断されたとき発行される。この場合にいう教育資源とは、財政的介入、スタッフの時間、あるいは特別な設備などを指す。LEAが判定書を発行すると、そこに記されている教育資源を提供する法的義務をLEAが負うことになる。

◆特別なニーズがあるのは誰か？

1999年1月現在、イングランドの学校に通っている生徒のうち、特別な教育的ニーズ（SEN）の判定書を発行されていたのは約25万人である。そのうち60パーセントが通常学級で授業を受けている（ONS, 2000）。

１９９８／１９９９年では、特殊学校の生徒の３人のうち２人が男子だった（The Standards Site, 2000)。

１９９７／１９９８年、判定書を発行された生徒が通常学級外におかれた率は、判定書のない生徒の７倍だった（ONS, 2000)。

ダニエルズら（Daniels *et al.*, 1996）は同じＬＥＡ管轄市内にある20の中学校を調査し、ＳＥＮの特定カテゴリーにおけるジェンダーと人種の背景が「憂慮すべき不均衡」を示していることを見いだした。研究者らによると、黒人の生徒は男女ともに読字困難グループよりも学習困難のグループに配置される傾向がある。一方で、白人の生徒では、読字困難と学習困難のグループの人数はほぼ同数である。さらに研究を進めると、黒人の男子生徒は白人の男子生徒に比べて**情緒的・行動的困難**があると判断されやすいことが分かった。黒人と白人、男性性と女性性についての教師の思い込みがこれらの差にどの程度影響を与えているかを調べるためには、さらに研究を重ねる必要があると述べている（Arnot *et al.*, 1998, p.65)。

◆特定のタイプの学習障害について

前章では、一般的な学習障害（ＬＤ）を診断するために、ウェクスラー式知能検査などの心理検査がどう利用されるかについて述べた。一般的な学習障害に加えて、特定の学習障害であると診断される場合もある。たとえば、読字困難や、自閉症、**注意欠陥・多動性障害**（Attention Deficit Hyperactivity Disorder,

ADHD）などである。

その際には、複数の医師、教育心理士、臨床心理士、精神科医などの専門家チームが関与した上で診断書が作成される。また、診断には『精神疾患の診断・統計マニュアル第四版（ＤＳＭ－Ⅳ）』や『疾病及び関連保健問題の国際統計分類（ＩＣＤ－10）』などの医学レポートや診断ツールが使用される。ここで重要なのは、多くの状態が実際には症候群（syndrome）であるという点である。症候群とは、一群の多彩な症状や行動特性を指す。つまり、同じ状態の人であっても、同一の症状や行動特性を示すわけではない。さらに複雑なことに、一人の人に2つ以上の障害がある場合も多い。これは専門家の間で**併存障害**（co-morbidity）と呼ばれている。たとえば、ある生徒が読字困難とＡＤＨＤの両方に当てはまる場合などである。これに加えて、身体的・知覚的な障害や、てんかんなどの精神疾患、抑うつなどの精神保健上の問題を抱えている場合には、事態は一層複雑になる。実際には、診断がこのように複雑であるために、介入の方針は一人ひとりの強み（strength）や弱み（weakness）のユニークなパターンに焦点を当てる必要がある。さらに、学習障害や特別な教育的ニーズについて話題にするときに非常に重要なことは、人は何よりもまず一人の人間として尊重されるのだということ、そしてその人は唯一無二の人格として存在するのだということを、常に心に留めておくことである（表4－1を参照）。

表4-1 学習に影響を与える症状の例

LDの種類	アセスメント
自閉症	今日，自閉症の診断には2つの分類システムが用いられている。DSM-ⅣとICD-10である。両者に共通する本質的な基準は， ・対人的な相互作用の質的障害 ・言語性・非言語性コミュニケーションや想像的活動の質的障害 ・活動や興味のレパートリーの明らかな制約
アスペルガー症候群	DSM-Ⅳによるアスペルガー症候群の基準は， ・言語や認知の発達には，臨床的に顕著な遅れが見られない ・社会的相互作用の質的障害 ・興味や活動のパターンの偏り，反復性やステレオタイプ化
ダウン症候群	ダウン症候群の原因は染色体異常であり，各細胞の染色体数が通常ならば46のところ，47存在する。21番目の染色体が，部分的に，あるいは1本多い。それゆえ，ダウン症候群は21トリソミーと呼ばれる場合もある。
ADHD	DSM-Ⅳでは，3つのサブタイプを設けている。 ・ADHD不注意優勢型 ・ADHD多動性—衝動性優勢型 ・ADHD混合型 ADHDの診断には，ある種の行動が最低でも6ヶ月以上持続している必要があり，その程度は不適応的で，発達レベルに相応しないものである。 「不注意」の例：学業やその他の活動において綿密に注意することができず，ケアレスミスをおかす。また課題や遊びの活動で注意を持続することが困難である。 「多動性」の例：手足をよくもてあそび，いすの上でもじもじする。授業中や席に座っていることが要求される状況で席を離れる。 「衝動性」の例：質問が終わる前につい答えてしまう。自分の順番を待つことが困難である。

個別教育計画（ＩＥＰ）

施行細則《コード・オブ・プラクティス》によると、ステージ2での中心的な取り組みは個別教育計画（ＩＥＰ）の作成である。特別な教育的ニーズのある子どもは全員がＩＥＰを受け取ることになるので、その意味では、非常に重要な介入手段であると考えられる。効果的なＩＥＰとはどのようなものか、というテーマについては、多くのガイドラインや解説書が出されている。ラムジュン（Ramjhun, 1995）は、望ましいＩＥＰの特徴について論じている。まず、ＩＥＰは子どもの現在の到達度を確認するものである。そしてそれに基づいて目標を設定する。その目標は、その子どもの困難さに関係したものでなくてはならない。同様に、詳細であること、測定可能であること、達成可能であること、すでにある教育資源の範囲内で教えることができること、などの条件を満たす必要がある。

目標は、成功基準あるいは成功指標に焦点が絞られており、客観的に測定される。教育資源や手だてがどんな性質のものであるかが設定され、どんなモニタリングの方法をとるかが決められる。モニタリングは、記録を取る、ＩＥＰの条項をコーディネートするためさまざまなミーティングを準備する、そしてもちろん、ＩＥＰの教育計画の見直しを行う、などのプロセスを含む。

ＩＥＰは生徒個人の必要性に応じて、非常に長く複雑になりやすい。ゆえにＩＥＰの内容については具体例を挙げたほうが明確になるだろう。ただし、表４‐２の例はかなり簡略化されていることを特に記しておく。

ＩＥＰの評価

まず、ＩＥＰで設定する目標は、子どもが進歩していると実感できるように、その子どもにとって達成可能なものでなくてはならない。つまり行動を強化し、動機づけを促すような目標である。一方でＩＥＰの過程には、特に定期的なモニタリングと再検討が必要であることを考えると、膨大な時間がかかる。それでも定期的なモニタリングは、それまでの進歩と今後の必要性を決めるために欠かすことができない過程である。ダイソン（Dyson, 1990）は、元クリーブランドＬＥＡのＳＥＮＣＯメンバーとの共同研究を行い、ＩＥＰ作成を決定する際には、学校側は付加価値基準を考えてもよいだろうと主張した。すなわち、より時間と教育資源がかからない方法で子どもに教育的な利益が確保されないときに、ＩＥＰの作成に取り掛かるべきだというのである。

ＰＥＣＳによるコミュニケーション

ＰＥＣＳ（絵カード交換式コミュニケーション・システム Picture Exchange Communication System）は、デラウェア自閉症プログラムに携わっていたアンドリュー・ボンディ（Andrew Bondy）とロリ・フ

表4-2　個別教育計画（IEP）

名前：ジョン・ブルー	**年齢**：9歳
長所と弱点 **長所**　ジョンができること ・課題に最大2分間集中する。 ・教師や他の子どもと協力する。	**優先事項**：集中力の持続時間 **弱点**　ジョンができないこと ・常に励ましを受けていないと課題を続けられない。
以上の点を踏まえた教育目標	
目標 ・1週間に30秒ずつ，課題への集中持続時間を増やす。	**方針** ・他の2人の子どもと一緒のグループに参加し，聞く力と集中力を高めるためのセッションを受ける。セッションは1日15分間である。担当するのはSENアシスタントで，週5日間行われる。 ・SENアシスタントはジョンと一緒にグラフを作成し，ある課題の集中持続時間を記録する。もし1週間で1分間の持続時間が増えたら，ジョンはコンピュータで遊ぶ許可がもらえる。
成功の基準 ・学年末までに課題への集中持続時間を15分まで延ばしていく	**随伴性の調節** ・集中力持続時間の増加を再調査する。1ヶ月経過しても1分間以上増えなかった場合には，集中力トレーニングのセッション1日15分を2コマ行う。
手だて 物的支援 ・学校が発行した，セッションに関するパンフレット 人的支援 ・SENアシスタントによる授業；担任教師による授業	**査定のモニタリング** ・毎日の活動記録 ・週に1度，ミーティングを開き，IEPの見直しを行う。SENアシスタント，教師，状況に応じてSENコーディネーターが参加する。 ・週に1度，母親と連絡ノートのやり取りをする。 ・1学期に1度，両親とミーティングを行う。

ロスト（Lori Frost）によって１９９０年代初めに開発された。開発当時、このプログラムは自閉症の幼児とのコミュニケーションを促進する目的で使用されていたが、現在では年齢を問わず、広範囲のコミュニケーション障害を持つ子どもや成人にも用いられている。ＰＥＣＳの目的は、コミュニケーションの手段を持たない人にその手段を与えることである。中核となるのは、欲しい物を絵カードと交換するという動作である。はじめに、子どもが何を報酬と感じるかを教師は知っておく必要がある。いくつかの物（ポテトチップス、紙パックのジュース、いろいろなおもちゃなど）を机の上に置き、子どもの好みを観察する。確定したら、その好物の絵をカードにする。次に、子どもに好物の絵カードと好物そのものを両方見せる。子どもは好物をもらうために、絵カードをトレーナー（教師）に渡さなくてはならない。一度この動作ができれば、子どもは好物を与えられる。始めのうちは、子どもに何らかの身体的なガイダンスや促しが必要かもしれない。これが第一の段階である。このささやかなやり取りが可能になると、次に別の絵カードを導入する。最終的に子どもは絵カードを組み合わせて文章を作成するように促される。この段階の子どもは自分専用の絵カード用バインダーを持ち歩いている。そのバインダーにはマジックテープも付いていて、そのテープに絵カード（裏側にマジックテープが付いている）を貼り合わせて文章を作る。

ボンディとフロスト（1994）は、５年間にわたって就学前の自閉症児85人と関わった経験から、以下のようにまとめている。

・子どもはほとんど全員、プログラムを始めてから１ヶ月以内に、１枚の絵カードを用いて要求を伝えるコミュニケーションを学んだ。

・95パーセントの子どもが、2枚以上の絵カードを使えるようになった。

・76パーセントの子どもは、訓練プログラムによっていくらかの話し言葉を獲得した。

要するに、プログラムによってそれまでコミュニケーション手段を持たなかった人が実践的な形でその手段を提供されるだけではなく、多くの人はこのプログラムを通じて話し言葉も獲得したのである。

社会的スキルの訓練

一般的な学習障害や自閉症、アスペルガー症候群の人々にとって、社会的スキルの訓練は有益なものになるだろう。学校を卒業し、大人に囲まれて仕事やより専門的な訓練を積む頃になると、この課題は一層重要になる。社会的スキル訓練がカバーしている領域は、挨拶をする、適切なアイ・コンタクトをする、訪問者を迎える、間違いを指摘されたときにそれを受け入れる、権限のある人と話をするなどの行動や、一般的な会話スキルなどである。たいていのプログラムは次の手順で行われる。受講者は一人またはグループで、ある特定のスキルに関して具体的に教示を受ける。まずは教師が社会的スキルの見本を示す。次にロール・プレイを行い、各人がそのスキルを練習する。さらにフィードバックがあって、場合によっては補足としてさらにロール・プレイや練習の時間が設けられる。ハウリンとイェーツ（Howlin and Yates, 1996）によると、自閉症の成人のための社会的スキル訓練では、以下のような改善が見られたという。

・話し言葉における反復が減少した。
・情報を提供する、質問をする、といったような会話スキルに改善が見られた。

しかしハウリンとイェーツ（1996）は、社会的スキル訓練のグループ学習で学んだ内容を日常生活にそのまま応用してしまうことには問題があると指摘する。ハウリンの著書（1997）に書かれているジェロームという男性は、社会的スキルのグループ訓練で、若い女性との会話を始め、持続させる方法を教わった。せっかく訓練を受けたのに、ジェロームには女性と接する機会が極端に少なかった。そこで彼は、驚くべき解決方法を見つけたのである。

> できるだけ多くの独身女性と出会える場所を探していた彼が見つけた解決方法は、いたって単純だった。それは地元の公衆トイレだったのだ！　警察に逮捕されても、彼にはなぜこの行動がトラブルを巻き起こしたのか、まるで分かっていなかった。
>
> （Howlin 1997, p.92）

複雑な様相をもつ社会的スキルを向上させるには、この他にもソーシャル・ストーリーという方法がある。付章・キー・スタディ——論文１（２２９〜２３２ページ）にソーシャル・ストーリーの例をあげたので、参照されたい。

原因

読字困難は次のように定義されている。「通常の教育、充分な知的能力、社会・文化的資源が与えられているにもかかわらず、読むことの学習が困難である障害」（Critchley, 1970, p.11）。

初期には、読字困難の原因は視覚システムの欠陥にあると考えられていた。なぜなら一部の読字困難の子どもは、dをbと読んでしまうなど、左右反対の鏡文字にする傾向があるからである。ところが最近の研究では（Shaywitz, 1996）、読字困難を言語処理プロセスの欠陥、とりわけ音韻の解読に問題があると見るべきだと論じられている。**音素**（phonemes）は言語あるいは音声の最小単位であり、その組み合わせによって語が構成される。読み書きには、音声とそれに対応する文字を連合させるスキルが欠かせない。たとえば、cat という語は kuh-aah-tuh という3つの音素で構成されているが、綴りは cat である。アルファベットは26字あって、英語の場合では、これらの文字の組み合わせによって44の音が形作られる。読字と綴りが難しいのは、言葉は聞こえる音ではつづられないことが多く、違う文字の組み合わせが同じ音を表現することもある点である。たとえば、ハードウィック（Hardwick, 1997）によると、ee という音には10通りの綴りがあるという。それらを挙げてみると、e（me）、ee（see）、ey（key）、ea（eat）、ie（thief）、 ie（seize）、e-e（cede）、eo（people）、i-e（magazine）、ae（encyclopaedia）となる。

エリス（Ellis, 1993）は、読字困難の人にも適用可能なシンプルな読字モデルを提唱した。そのモデルは以下の要素を用いている。

・**視覚分析システム**　文字の形や、その形がどのように配置されているかの認識
・**視覚によるインプットの語彙目録**（lexicon）　語形についての一語一語の認識、あるいは、心内辞書
・**意味システム**　単語の意味の認識
・**話し言葉のアウトプットの語彙目録**　語全体の音声認識
・**音素レベル**　単語を構成している音素を弁別する知識
・**発語**　発話する能力

エリス（1993）は、読むという行為の過程には以上のすべての要素が必要であると述べている。この要素のうち一つでも問題があると、読解が不可能になるとはいえないまでも、少なくとも困難にはなるだろう。なぜなら、代替となる経路を利用することになるからである。このような観点からの分析によって読字困難の人が直面する困難が説明されうる。だがそれだけではなく、一般的に読むことの難しさにはいくつかの側面があることも明らかになるだろう。

読字困難を理解するためには、読字能力の通常の発達がどのような順序をとるかを考えてみることも必

要である。最初の段階では、言葉は視覚的な情報を元に認識される。子どもは文字と音がどのように対応するかを理解していないので、black と back を取り違えるようなミスをする。どちらの単語も同じような長さで、最初と最後の文字が同じだからだ。さらに次の段階ではフォニックス（phonics 音と綴りの結びつき）を利用するようになる。

問題をさらに複雑にすることには、読字困難という症状は本当に存在するのかという議論があることを付け加えておく必要があるだろう。全般的な知能のスコアと読み書きテストに限定したスコアとの間に相違があることが、読字困難の診断基準となる。つまり大部分の課題では優秀なスコアであるのに、読み書きのスコアだけが劣るとき、読字困難であると診断される。ところが、すべての課題のスコアが不振だったときには、同じ読字困難の問題をかかえていてもそうは診断されない。しかしながら、アーロンら（Aaron *et al.*, 1988）によると、発達性読字困難の原因は、書記素—音素（文字—音）の解読スキルの不足であるのに対して、全般的な知能の低さに付随して読む能力が遅滞している場合の原因は、理解力不足である。いずれにしても、実際の教育現場で重要なのは、読み書きが困難な子どもには何らかの介入・支援が必要だということである。

読字困難の影響

いろいろな意味で、読字困難の影響は「読み書きができないこと」という定義の中に示されている。明らかにわれわれの生きる社会は識字社会であり、読み書きができないことは非常に不利となる。雑誌、本、インターネット上の情報はすべて文字で書かれている。書類を作成するにも読む作業が欠かせない。何かの登録のための書類、銀行口座開設の書類、仕事に応募するときの書類、運転免許、パスポート――挙げていくと限りがない。また一部の読字困難の人は、読み書きに加えて、数学、記憶、複雑な指示に従うこと、左右の区別、課題に集中することなどにも、困難を示す場合がある。ところが、読字困難による影響は、以上のように明らかな側面にとどまらない。

・読み書きのスキルは、ナショナル・カリキュラムのキー・ステージを進んでいくための必須条件である。
・学業を達成するには、読み書き能力が必要である。
・読字困難だと診断されずに放置されていると、二次的に否定的な影響が発生する可能性がある。教師によって怠け者のレッテルが貼られてしまうかもしれない。子ども自身も、なぜ同年代の子どもができることを自分ができないのか理解できず、自分を馬鹿だと思い込んでしまうだろう。つまり、子どもの自尊心の低下を招き、さらには問題行動へとつながりかねないのである。

子どもが失敗を経験するのを防ぐため、できるだけ早期に診断する必要があると論じられている。

読字困難の子どもへの特別な教育方法

読字困難の子どもへの教育的介入はさまざまである。なかでも構造化された書字言語プログラム

（structured written language program）と複合感覚指導（multi-sensory teaching）がよく挙げられる。構造化された言語プログラムには「アルファ・トゥー・オメガ・プログラム（Alpha to Omega Program）」や「バンガー・ティーチング・プログラム」などのプログラムがある。構造化されたプログラムでは読み書きの学習をスキルの習得とみなす。より複雑なスキルを教えるためには、基本的なスキルの習得がその下地となる。その意味で、スキルとは積み上げていくものである。書字言語プログラムでは、次のような順序でスキルを習得する。文字、音／記号（シンボル）の対応、混合（いくつかの音の組み合わせ）、通常の単語、多音節の単語、音節の区切り、である。教師は子どもがすでに持っているスキルを評価し、そこを基点として上位のスキルの習得を目指す。

　複合感覚テクニックには音声と綴りの指導も含まれているが、主に感覚様相間の関係を利用したアプローチである。すなわち、聴覚、視覚、運動感覚、触覚の様相間のつながりを利用する。たとえば「ネコ」という単語を例に取ってみよう。学習者はまず「ネコ」という単語を聞き（聴覚）、「ネコ」という単語を見て（視覚）、「ネコ」という単語を声に出し（聴覚）、「ネコ」という単語を記し（運動感覚）、「ネコ」という単語の形を触る（この場合、木製の立体文字を触らせるので触覚）。もし一つのモダリティに弱みがあったとすると、必要に応じて、既存の他の様相の強みを利用してその代替となる学習方法を探すことになる。これが複合感覚テクニックの理論的根拠である（Thomson, 1990）。

　「ティーチング・トゥデイ」（Dyslexia in the Primary Classroom, 1997）には次のような複合感覚による教育の例が記載されている。

・単語を読むときに子どもに鏡を見せて、唇と舌の動きによってどのように音が作り出されているかを理解させる。この課題は、f と th の音の区別のような聴覚的な識別を教える際に効果的である。

・テーブルの上、砂の上、空中、あるいは誰かの背中に、指で文字を書かせる。これは腕と手の動きがどの文字に対応するかを定着させるのに役立つ。目隠しをすると、このプロセスは一層効果的である。

・目を閉じたまま木製のアルファベットを触り、感触だけで文字を当てる。

・運動場に大きく文字や記号を描いて、その周りを走らせる。子どもは形を全身で感じることができる。

さらにハードウィック（Hardwick, 1997）は次のような方法も挙げている。

・これから学習する単語の綴りを子どもにカセットテープに録音させる。たとえば、子どもがテープレコーダーの再生ボタンを押し、始めに eat と言う自分の声を聞く。次にテープレコーダーを止めて、eat という単語を書く。再生ボタンをもう一度押して、自分で吹き込んだ eat の綴りを聞く。そしてテープレコーダーを止めて、書いた綴りを確認する。この過程を何度か繰り返す。

・カードを使う。カードの片方の面に学習しようとする単語、たとえば my という語を書く。反対側の面には、my を含む文章を子どもに書かせる。そしてその文章は「My favorite animal is a hedgehog.（私の好きな動物はハリネズミです。）」など、子どもにとって実感の持てるものにする。さらにそこ

表4-3　読字困難の生徒への教育に関わる要因

読字困難の生徒に効果的な教授法	読字困難の生徒に効果的ではない教授法
・複合感覚テクニック ・慎重な評価に基づく個別指導 ・小グループ，あるいは1対1の教授 ・早期発見 ・理解と励まし ・音韻の原則に基づく構造化されたアプローチ ・子どもに適した強みを伸ばす教育と，弱みを克服するための治療教育 ・記憶術 ・整理整頓のスキルを身につけさせる ・教室でのワクワクする体験と，前向きのサポート	・曖昧な指導。例えば，やみくもに読み書きさせる，など ・いっそう注意を向ける ・放っておいて自然によくなるのを待つ ・視覚的・聴覚的スキルのトレーニングに限定する（ただし書き言葉をターゲットにしているときを除く） ・パタニングなどの神経系の練習を行って脳の側性　(laterality)を発達させる ・罰や脅し ・不適切なラベルづけ

出典　Thomson, 1996, p213より引用。

にハリネズミの絵を書かせる。ここでは実感の持てる文章と視覚的な絵が刺激となって、学習しようとしている単語の形を思い出しやすくなると期待されている。

評価

今日までの研究によって、読字困難の子どもに対する教育が成功するための要因がはっきりしてきた（表4-3を参照）。

ところが、読字困難の子どもも一人ひとりにどの教授法が適しているかはいまだ明らかになっていない。読字困難の子どもは、読み書きの困難を共通して抱えているものの、各人それぞれの認知的弱点と能力に特徴がある。そこで、能力を伸ばす教育と弱点を補おうとする教育のどちらがよいかという疑問が残る。エリスが提唱した読みの理論モデルに従って例を挙げてみると、もし音素レベルに損傷が見られるとき、その一点に集中して教えることが結果的に音韻的な認識の改善になりうるのか、あるいはその時間を利用して持っている能力を十分に生かす方法で読むことを教えるべきなのか。この問題を取り上げた面白い事例研究（Brooks, 1995）がある。重度の学習困難／読字困難である11歳の男の子が、書く力を向上させる支援プログラムをいくつか受けた後、系統的にテストを受けた。この男の子はこの事例研究でＲＧと呼ばれているが、診断の結果、読みの力が7歳6ヶ月、書く力が7歳5ヶ月であると評定された。さらにテストを進めていくと、ＲＧの弱みは音韻的スキルと聴覚記憶にあることが判明した。さまざまな教育方法を評価するために、同程度の難易度の単語をそれぞれ異なる教授法で教えた。そして、それぞれの教授法の成功の度合いを、学習された単語の数によって測ったのである。その教授法とは、以下のようなものである。

・**ルック・アンド・セイ**（Look and Say）　教師が単語を言い、カードに書かれたその単語を10秒間見せる。
・**トレーシング**（Tracing）　生徒は単語を見ながら発音し、書くのと同じようにそのスペルをなぞる。
・**同時口頭スペリング**（Simultaneous oral spelling）　まず教師が単語を書く。生徒は教師の書いたものを見ながら**その単語を書く**。生徒は書きながら同時に**1文字ずつその単語の綴りを読み上げる**。それから生徒はそれを**一つの単語として発音し**、教師の書いたものと比べながら綴りが正しく書かれているかをチェックする（Bryant and Bradley, 1985）。

・**単語の中の単語探し**（Words in words）　カードに書いた単語を生徒に見せながら、教師はその単語の中で意味を成している部分に注意を促す。たとえば、damaged なら、dam と age が含まれている。

・**フォニックス**（Phonics）　生徒に単語を見せる。教師がその単語を発音する。それぞれの音素に対応する音を文字で書いてみせる。教師がもう一度単語を発音する。生徒は教師の後について発音し、それから自分で言ってみる。たとえば、cart なら c-ar-t となる。

・**法則**（Rules）　教師がカードに書かれた単語を見せながら、カウダレイ・スキーム（Cowdery Scheme）中の法則を指し示す。たとえば、skittles の綴りは sc ではなく sk のほうがふさわしい。なぜなら法則では、sk の後には母音は e や i あるいは y が続くからである（Cowdery *et al.*, 1983）。

・**ベースライン**（Baseline）　カードに書かれた単語を生徒に見せる。生徒にその単語を発音させ、それからカードを見せずに綴りを書かせる。生徒は何もヒントをもらわない。また、書いたものが合っているかの確認もされない。

　これらの方法がもたらす効果には差が見られた。ＲＧには、「ルック・アンド・セイ」「トレーシング」「単語の中の単語探し」「法則」などの方法で、スペリングの向上が顕著だった。一方、「ベースライン」「フォニックス」「同時口頭スペリング」はそれほど効果的ではなかった。「単語の中の単語探し」において学習された単語数が最大であった。彼にとって「単語の中の単語探し」という方法のほうが、苦手である音素に焦点を当てるやり方よりも、強みを十分に生かせる方法だったようである。ブルックス（Brooks, 1995）はこの事例研究の結果を、読字困難の教育はどのようにすべきかという問いに対して示唆的であると述べている。構造的なアプローチによる教育、強化、モニタリングなどのテクニックだけでは、読み書き能力を著しく向上させるためには不十分である。確実に効果の上がる学習を求めるには、最も効果の上がる方法を調査することが必要なのである。

イギリスでは大人・子どもを問わず読字困難に苦しんでいる人は多い。近年、読字困難への注目が高まりつつある中で、早期の診断・介入、そしてどのような人にどのような支援・介入が最も効果的であるかを調べることに、最新の研究は力を注いでいる。

◆英才児

英才児（優秀児 gifted children）はさまざまな定義をされている。ロビンソン（Robinson, 1981）は「月並みな英才児（garden variety gifted）」と「非常に優秀な」英才児とを区別している。前者は１３０から１５０の非常に高いＩＱを示すが、どんな特定の領域においても卓越した才能を持っているわけではない子どもであり、後者は高いＩＱを示し、一つあるいは複数の領域において卓越した能力を示す子どもである。全国英才児協会（The National Association for Gifted Children, 2000, p.1）は、以下のように英才児を定義している。

・**何でもできる英才児**（openly able）　自分の才能を発揮するのを楽しんでおり、何をやっても優秀である。
・**隠れた英才児**（concealed able）　学業不振児で、仲間グループの一員としてひっそりと隠れている。
・**反抗的な英才児**（rebellious able）　破壊的な行動をとる学業不振児で、さまざまな問題行動を引き起こす。
・**創造的な英才児**（creative able）　いわゆる「変わり者」で、通常とは異なる拡散的な思考を持つ場合も多い。他人からみると、情熱的だが少々耳障りでもある。
・**才能豊かな英才児**（talented able）　知的に有能であり、同時にある領域において特定の優れた才能を示す。

全国英才児協会（2000）によると、この枠組みを用いることで英才児の診断の難しさを理解しやすくなるという。そして、教師が「何でもできる英才児」と「才能豊かな英才児」を見極めるのは簡単だが、「隠れた英才児」「創造的な英才児」は見逃されやすく、「反抗的な英才児」に至っては、単なる破壊的な生徒とレッテルを貼られる可能性があると指摘している。診断・評価の問題に戻ると、全国英才児協会（2000）では、英才児の診断に以下の指標を用いている。

・教師の所見（チェックリスト）
・両親の所見
・仲間集団からの指摘
・生徒の作品等
・生徒自身の関心
・心理検査（認知能力検査）
・ナショナル・カリキュラムに基づくテスト
・学校外活動での様子

ある児童を英才児であると特定できたと仮定して、教師が次に取るべき行動は何だろうか。政府案では、生徒をグループ編成する際の幅広い方略が提示されている。たとえば、教科ごとの能力に応じたセッティング、促進（子どもをより年上のクラスに入れる）、飛び級、大人による特別なサポートを受けさせるための教育、マスター・クラス、サマー・スクール、メンタリング（メンター＝役割モデルとなる人による支援）や就業体験などが挙げられている（DfEE, 1999「すべての学校が英才児のための明確な施策を持つべきである」；DfEE, 2000a『全国読み書き計算の方略――才能ある子どものための教育案内』）。

教師の側でも、授業計画の方法、より優れた生徒のための固有の指導方略、授業中の質問事項のタイプ、さらに追加教材の使用など、再考を迫られる。計算の授業に関しては、次のような助言が提案されている。

・優秀な生徒には直接的な質問をする。
・回答が一つではない開かれた形式の質問を行う。それによって同じ質問に対して生徒全員がそれぞれのレベルに応じて回答することができる。
・別の心的方略を考えるように生徒を促す。
・一斉教授による活動を減らし、段階を踏んだ課題を与える。優秀な生徒には、初期の段階を飛ばすように勧める。
・優秀な生徒が練習や強化学習に費やす時間を減らす。
・優秀なグループに対象を絞った教授を行う。
・さまざまな開かれた形式の課題や調査を設定し、生徒全員がそれぞれのレベルに応じて取り組めるようにする。
・優秀な生徒が2、3時間かけて取り組めるような持続的な課題を与える。

(DfEE, 2000a)

◆まとめ

本章では、特別な教育的ニーズという言葉で表現されているさまざまな困難や症状について考察した。その中には、読字困難、自閉症、ＡＤＨＤ、**ダウン症候群**などが含まれている。その診断・評価に関しては、施行細則《コード・オブ・プラクティス》に段階モデルが示されており、それぞれの段階ごとに異なるレベルのモニタリングや介入方法が必要とされる。モニタリングは多くの場合、個別教育計画（ＩＥＰ）の作成や目標設定といった形を取る。また、判定書が必要となるケースもある。読字困難に関しては、原因、症状、望ましい介入方法や介入方略の評価などについて検討した。読字困難とは、多くの学習障害と同様に症候群であるので、まとまりのある症状や行動特性全体を指す言葉である。それゆえ、読字困難の人は似たような困難を共有しながらも、それぞれ特有の長所や弱点のパターンを持っている。どのような介入方略を取るにせよ、この点を考慮に入れなくてはならない。本章ではまた、英才児に関するテーマも取り上げた。大多数の学校では、学業不振の生徒に対しては多くの対策が立てられている一方、非常に優秀な生徒に対しては何も手立てがなされていない。最近の政策はこのような実情を踏まえた上で、状況を打破するための方略を立案している。特別な教育的ニーズの診断・評価、介入方略、さらにその方略の評価に関する研究は、現在も進められている。

読書案内

Thomson, M.（1990）*Developmental Dyslexia*, 3rd edn, London: Whurr Publishers. 有益かつ詳細な情報を得られる本。参照ツールとしてお勧めする。

「*Special Children*」をはじめとする雑誌では、今日の教室で起こっていることをリアルタイムで知ることができる。

さらに詳しい情報が必要な方へ

Dyslexia Institute, 133 Gresham Road, Staines, Middlesex TW18 2AJ.

インターネット・アドレスは http://www.dyslexia-Inst.org.uk/

第5章　文化とジェンダーの多様性

◆はじめに

文化やジェンダーの差異は、学業成績にどのような影響を及ぼしているだろうか。このような話題が新聞の見出しを飾っている。最近ではＧＣＳＥ（中等教育検定試験）やＡレベル試験（大学受験資格のための全国統一試験）でトップレベルの成績を取る女子が増えるなど、女子の成功が目覚しい。この傾向は1990年代以降に見られるようになった。本章では、こういった報道の背後にある理由を解明し、事実を挙げながら、実際に学業達成しているのは、具体的にどのような女子とどのような男子なのかを説明していく。特に、学業達成と学業不振にはどのような要因が関わっているか、そして、学業不振に取り組むためにはどのような方略が考えられているか、といった問題について検討していく。おそらく、非常に複雑なテーマであることが明らかになるだろう。

◆学業成績の差異

全国共通評価の利点の一つは、試験結果の分析を行うことで、成績の差異について議論できることである。つまり、どの教科において、どのような状況の下で、どのグループの成績が上回っているのかを特定することが可能になる。当然ながら、大規模集団についての統計結果を見るときには、それが全体的な傾向を捉えるものであり、その傾向を追うことで下位集団の結果や個人差が分かりにくくなってしまうという事実を念頭に置くことが重要である。その上で、実際にはどのような結果が出たのだろうか。

◆ジェンダー

キー・ステージ

１９９５年のＳＡＴ（全国標準学力診断テスト）の結果を分析したところ、以下の事実が明らかになった（Arnot *et al.*, 1998）。

・キー・ステージ1の女子生徒は、読みにおいて、すでに出だしから男子生徒を上回っている。キー・ステージ2と3の段階でもこの傾向は維持され、ＧＣＳＥの結果においても明らかである。この結果は他の国々でも見られ、女子が言語に優れていることは世界的な傾向のようである。

・すべてのキー・ステージを通して、数学の成績に男女差は見られない。

・始めの段階では男女の理科の成績にはほとんど差はないが、キー・ステージ2において男子が女子を上回るようになる。

アーノット（Arnot *et al.*, 1998, p.8）は以上の結果を踏まえて、次のように述べている。『女子の方が男子よりも成績が良い、あるいは逆に男子の方が上だ、というような包括的な議論は、正当化しがたい。常に、カリキュラムのどの側面についての発言であるかを明らかにすべきである。」さらに、すべての到達レベルにおいて同数の男女がおり、20パーセントの男女が出だしでつまずいている。

ＧＣＳＥ（中等教育検定試験）

ＧＣＳＥにははっきりとした傾向が見られる（Arnot et al., 1999）。20年間の調査・分析の結果、以下のことが明らかになった。

・１９７５年から１９８７年の間、５つ以上の科目においてＡからＣまでの評点で合格した女子生徒の数は、男子生徒の数とほぼ同数である。すなわち、このレベルに到達している１００人の女子生徒につき、男子生徒の数は94人から１００人であった。

・１９８７年から１９９０年の間に急激な変化があった。この期間に女子のＧＣＳＥの成績が男子を上回り始めた。

・１９９０年から１９９５年にかけて、男女の不均衡状態が安定して続くという新しい傾向が見られるようになった。すなわち、右記のレベルに到達している女子生徒１００人につき、同じレベルの男子生徒は80人から83人であった。

・１９９５年のＧＣＳＥにおいて、５つ以上の科目で*Ａ～Ｃの評点を取った生徒の割合を男女別に見てみると、女子は48パーセント、男子の39パーセントであった。

表5-1　各キー・ステージにおける男女別の成績（1995）

到達レベル	生徒の割合（%）					
	国語（英語）（男子）	国語（英語）（女子）	算数・数学（男子）	算数・数学（女子）	理科（男子）	理科（女子）
7歳 レベル2+	73	83	77	81	83	86
11歳 レベル4+	42	56	44	45	71	68
14歳 レベル6+	14	26	34	33	27	23
16歳 GCSE (A*ーC)	48.8	65.7	45.5	44.3	47.0	48.0

引用：Arnot *et al.*, 1998, pp.5-10

・1999年のGCSEで、5科目以上で*A～Cの評点を取った女子生徒の割合は、男子生徒より10パーセント高い（Standards Site, 2000）。

Aレベル試験（大学入学資格試験）

次に、ジェンダーとAレベル試験の結果との関係を見ていこう。1970年代は、16歳の時点で優秀な成績を修めていた女子生徒も、大多数がAレベル試験で3教科共「優秀」の評価を得ることはできず、高等教育を受ける機会を与えられなかった。そしてこの結果を指して女性の学力が劣ることの指標と見なされていた（Arnot *et al.*, 1999）。「1987／88年には、2科目以上Aレベル試験に合格する生徒の男女比が等しく、1988／89年以降このレベルの女子生徒の数は男子生徒を上回った」（ONS, 2000, p.58）。

評　価

要約すると、これらの統計から浮かび上がってきたのは、教育達成における一つの転換があった、すなわち女子生徒がリードするようになったことである。しかしこれらの事実は、学業成績の違いに関する議論に答えを出すというよりも、むしろ問いを増やしている。アーノットら（Arnot *et al*, 1999）は以下の疑問を提示している。

・近年のＧＣＳＥにおける男子生徒の学業不振には、どのような要因が関わっているのだろうか。
・社会階層、民族的背景、あるいは学校の立地条件など、他の社会的、教育的要因が影響するなかで、男女間の学業成績の差異はジェンダーの議論のなかでどのように見られるのだろうか。

さらに、アーノットら（Arnot *et al*, 1999）は、女子生徒の学業達成が高まっているにもかかわらず、女性は職場において未だに差別や不利を被っていると指摘している。

表5-2　学校タイプ別にみた，GCSEで5科目以上A*－Cの評価を達成した15歳生徒の割合

学校タイプ	5科目以上A*－Cの評価を達成した男子生徒（%）	5科目以上A*－Cの評価を達成した女子生徒（%）
女子の総合制中等学校（Girl's comprehensive）		46%
男子の総合制中等学校（Boy's comprehensive）	36%	
共学の総合制中等学校（Mixed comprehensive）	35%	44%
セレクティブ（公立選抜校）（Selective）	93%	95%
モダン（公立普通校）（Modern）	22%	30%

引用：OFSTEDによる分析（1996年）Arnot *et al.*, 1998, p.44より

◆その他の要因

学校タイプ

表5-2に示すように、通学している学校のタイプも学業達成に影響を与えると指摘されている。

社会階層や民族的出自とジェンダー

具体的にどのような女子生徒とどのような男子生徒が優秀な成績を上げているのだろうか。この問いの答えが非常に複雑であることを感じ取ってもらうために、階層、民族的出自、ジェンダーごとのGCSEの結果（1985年）を表5-3に示した。

1998年のGCSEを分析した結果（ONS

表5-3　社会階層，民族的出自，ジェンダー別にみたGCSE試験平均スコア（1985年）

民族的出自と社会階層	調査した生徒の総数	男子生徒の平均スコア	女子生徒の平均スコア
アジア人			
専門職	17	30.7	27.8
中間層	95	27.2	25.9
単純労働	189	23.3	22.5
アフリカ系カリブ人			
専門職	12	27.1	24.9
中間層	68	21.1	18.1
単純労働	115	14.3	15.6
白人			
専門職	2,118	30.4	32.3
中間層	3,093	23.7	25.6
単純労働	5,218	17.6	20.6

引用：Gillborn and Gipps, 1996, p.16

2000)、どの民族集団においても女子生徒は男子生徒と肩を並べているか、男子生徒を上回っていることが明らかになった。男女の成績の差が最も開いているのは、黒人グループの生徒である。A*～Cの評点で合格した科目が1～4科目である黒人の女子生徒は42パーセントであったが、同じレベルの男子生徒は24パーセントであった。インド系の生徒の大部分が、男女ともに他の民族集団を上回る評点を取った。この傾向はAレベル試験でも同様で、36パーセントのインド系生徒がAレベル試験に2科目以上合格した。一方、白人の生徒でこのレベルに達したのは、たった29パーセントである。

「民族的マイノリティの生徒の学業達成に関する近年の研究動向」(Gillborn and Gipps, 1996) という文書では、次のような結論が述べられている。

・「ジェンダーや民族的出自に関係なく、高い階層出身の生徒は平均して優秀な成績を修めている。」(p.17)

・「除籍者に占める黒人の割合が高すぎるのは広く問題視されており、小学校、中等学校ともにこの影響を受けている。……カリブ系黒人の生徒の数値が最悪であり、除籍される白人生徒数の6倍に達している。」(p.52)

一方で、ほぼすべての民族的マイノリティに共通して、継続教育や高等教育を受けている生徒の割合は白人よりも高い。1998年に英国で高等教育を受けている生徒(20歳以下)のうち、マイノリティ出身の生徒は13パーセントにも上っている。民族的マイノリティ出身の生徒が高等教育を受ける割合が高すぎるとの指摘もある。全体では20歳以下の人口のうち高等教育を受けているのは9パーセントに過ぎないからである。その中でも特にインド系と中国系の生徒は、他の民族出身の生徒に比べると、より多く高等教育機関に入学している。その一方で、黒人のカリブ系とバングラデシュ系の男子生徒、パキスタン系の女子生徒は、高等教育を受ける割合が低い(ONS, 2000)。

◆なぜ学業成績に格差が生じるのか

本章の冒頭で述べたように、生徒の学業達成の格差には、ジェンダーや社会階層、民族的出自、学校タイプ、そしてこれら複数の要因の相互作用など、多くの要因が関わっている。学業成績のばらつきは、一体どのように説明できるだろうか。おそらく異なる集団にはそれぞれ異なる理由が存在するのだろう。学業不振だけではなく、優秀な成績にはどのような要因が関わっているのかという点も興味深い。

◆なぜ女子生徒は成功したのか

生物学的な説明

女子は生まれつき国語（この場合英語）が得意で、男子は生まれつき理科が得意なのだろうか。アーノットら（Arnot *et al.*, 1998）は、生物学的決定モデルを根拠にしてジェンダーによる学業達成の格差を説明することは不可能だと述べている。なぜなら、性による格差は文化ごとに異なっており、同じ文化の中でも時代によって異なっており、さらに個人のライフステージにおいても変化するという事実が明らかにされてきたからである。生物学的要素が男女格差を説明できないとすれば、次には男女によって異なる文化的期待について見るべきだろう。

新しい考え方

１９５０年代の女性たちは、キャリアを積むよりも、家で子育てに専念する方が大切だと聞かされて育った。しかし、たしかに１９９０年代までには考え方の大きな転換が起こった。若い女性は男女平等について語り合い、個人の達成に重きを置くようになった。この章の前半で示した事実から明らかであるが、教育資格を手に入れる女性は目に見えて増えている。しかし、チザムとデュ・ボア‐レーモン（Chisholm and du Bois-Reymond, 1993）は、かなり多くの女性が結婚に関する伝統的な価値観をそのまま持ち続けている点を指摘し、このような女性たちにとって学業達成は自分の知的能力を証明するものにすぎず、今いる社会階層から抜け出す手段とはなっていないと述べている。一方、アーノットら（Arnot *et al.*, 1999）は、現代社会で生きていくために学業達成が必要であると考えている女性がますます増えていると論じている。一世代前の女性なら、生活を夫に頼る人が多かった。現在ではどうか。

> 自ら進んで結婚したいという若い女性が徐々に減少し、結婚はさまざまなパートナーシップの形のうちの一つにすぎないと考えられるようになった。育児と仕事の両立にも多様なモデルがあり、それぞれが可能な選択肢となっている。また、従来の規範にとらわれないライフスタイルや性のあり方も認められつつある。このような社会状況において、学歴は単なる投資を超えて、不安定になりつつある世の中を渡っていくための自己防衛とサバイバルの手段として必要不可欠と言えよう。
>
> （Arnot *et al.*, 1999, pp.123-124）

男女別学の価値

男女別学の価値をめぐる議論はメディアでも取り上げられることが多い。男女別学校に通っていれば、男子学生も女子学生も、異性とのダイナミックな相互交流よりも勉学に集中できるのではないか、との考えも一理あるように思われるだろう。しかし必ずしもそうではないことは、表5-2に示された事実からも明らかだろう。アーノットら（1998）の結論によると、「男女別学校（とりわけ女子校）の成績が明らかに優秀であるのは、これらの学校に入ってくる生徒がもともと優秀な成績であったことに起因するところが大きい」（p.46）。すなわち、女子生徒の成績が近年向上している理由は、男女別学校によって説明できるわけではない。

なぜ女子生徒は国語が得意なのか

アーノットら（1998）によると、国語（英語）の学業達成における男女格差の原因は、男子と女子が、自らのジェンダー・アイデンティティの定義との関わりの中で、国語の学習をどのように捉えているかの結果であるという。

「男子は読み書きの経験を、女性の領域として受け止めている。なぜなら、幼い頃から読むこと書くこと、特に個人の経験・感情を物語や詩の中に探ろうとする行為を、女性的な表現方法として連想するからである」（Arnot *et al.* 1998, p.29）。おそらく男子は、自分たちが女性の教科だとレッテルを貼っている教科に秀でることを望んでいないのだろう。また、女子の国語の成績が男子より優れているのは、国語の教えられ方と国語が女性の教科であると捉えられている事実に起因すると考えられるだろう。一方で、男子はノンフィクションならば好んで読むと答えていることが明らかになった。ノンフィクションへの指向性は『ハムレット』に用いられているメタファーの分析には役に立たないだろう。ゆえにGCSEでのスコアには結びつかないものの、キャリア上での成功にはより役に立つ可能性もある（White, 1986; Alloway and Gilbert, 1997）。さらに、次のような意見もある。「ノンフィクションの読み書きの価値、あるいは身体表現と言語表現を結びつける活動である演劇を勉強したり実際に上演したりすることの価値は、十分に認識されておらず、カリキュラムにもあまり取り上げられていない。そのために男子は不利益を被っているし、あるいは場合によっては女子もそうである」（Arnot *et al.*, 1998, p.29）。

◆低社会階層や民族的マイノリティ出身の生徒が学業不振に陥る原因

それではジェンダーや下層階級、人種などの要素と学業達成との関係をかみ合わせる議論に入ろう。これまで「マッチョな若者《ラッズ》」たちを取り上げた記事が数多く登場した。この「新しい乱暴者で」「学校に反抗的な」「素行の悪い」態度は経済状況の悪化が引き起こしたものであり、また男子学生の学業不振を引き起こした最大の原因であると考えられてきた。この議論（Arnot *et al.*, 1999）の焦点は、過去数十年間に賃金雇用の構造がどれほど劇的に変化したかという点にあり、この変化によって最も打撃を受けたのは社会経済的階層の低い男性であった。この20年から30年の間に製造業の労働市場は縮小し、工場労働は新しいテクノロジーに取って変わられるようになった。代わりに新しい職業が生み出されたのは、コンピュータや遺伝子工学などの分野である。このような領域で必要とされる人材は、高学歴、高スキルで、高いレベルの教育を受けた人間である。数年前までなら、最低限の学歴しかない若者でも学校をやめて仕事を見つけることができたが、そんな時代はとうに過ぎ去ってしまった。多くの若者は自分の父親が仕事を失うのを目の当たりにしており、そのために彼らは、就職に多くを期待していない。失業に直面しながらも、いかにして男性は男性としてのアイデンティティを築くことができるだろうか。これが今、問いの中心にある。さらに、就職市場での変化に加えて、学校がナショナル・カリキュラムと成績比較の公表を受けて、より競争的な場所になってきている。学校内ではセッティング／能力別学級編成が一般的になりつつあり、学業不振のグループでは男子生徒と民族的マイノリティ出身の生徒の割合が増加してきている。男子生徒が学業不振のグループから抜け出すには、ただ一心不乱に勉強に励めばよいだけではないか、という意見もあるだろう。ここで、仲間集団の文化と、その文化が学業での成功に置いている価値とがどのような関係にあるかを分析してみよう。低社会階層の労働者階級出身という背景を持つ男子生徒が、一生懸命勉強して、優秀な成績を修め、それでもまだ仲間の一員として認められることは可能だろうか。学校の勉強に熱心になるのは女々しいと思われないだろうか。勉強を頑張るとクラスで裏切り者扱いされないだろうか。そもそもそういう考えは、本当にあるのだろうか。マック・アン・ガイル（Mac an Ghaill, 1994）は労働者階級の男子集団を研究した結果、「マッチョな若者」は学業の失敗と将来の雇用の見通しの暗さに、３つのF――ファイティング（喧嘩）、フットボール、ファッキング（性交）――を称揚することで対処しようとしていることを見いだした。このような若者たちは、人生の先行き不安に立ち向かおうと、過剰に男らしくあろうとする。カークリーズ市の教育当局が男子の学業不振について行った最近の研究（Noble, 1999）によれば、この問題は急を要する課題である。彼らは次のように述べている。「学力不振、低スキル、そして職のない16歳から24歳の層が形成されてしまうのは社会にとって危機的であり、そこで最も被害を受けやすい存在は、女性であることが多い」（Noble, 1999, p.2）。

この章の最初の節で引用した表を見ると、すべての学業達成水準において男女は同数である。では、なぜある女子は成績不振に陥るのか。おそらくこの中には、キャリアの選択肢の中から育児を選び取る女性もいるのだろう。

◆――逆境を克服する若者たち

マック・アン・ガイル（1994）の研究には、「マッチョな若者」の役を演じようとしない男子も登場する。こうした男子は、実務的な男らしさを発達させていると説明されている。彼らは人生を現実的に捉えており、学業での成功は、出世をして今いる状況から脱出するための手段であると考えている。学業での成功は、新興の職業に就く可能性を切り開く。さきに、いくつかの民族的マイノリティ集団では非常に高い割合で高等教育を受けている現状を述べた。ミルザ（Mirza, 1997）とブライアンら（Bryan *et al.*, 1985）

によれば、職場における差別が、黒人生徒を男女共に、学校へと戻らせるのであり、職業資格を得ることが差別と戦うひとつの方法なのだと論じている。

◆――高い社会階層出身の男子が学業不振に陥る理由

アグルトン（Aggleton, 1987）は、新中産階級出身の若者集団に関する研究を行った。彼によると、対象となった若者たちの「男らしさ」と「学業達成」についての定義は、親の世代とは異なっていた。ここでジェンダーと学業達成の関係をもう一度見てみよう。生徒たちは、まず自分のジェンダーによって自分とは何者かを定義する傾向があり、このジェンダー・アイデンティティに学習者としてのアイデンティティも影響される（Noble, 1999）。アグルトンの調査した若者たちは自分たちを「肉体労働者のものと見ている粗野な男っぽさと、頭脳労働に勤勉に携わる者に特徴的と見ているインポテンスの中間に位置づけている」（Aggleton, 1987, p.73）。「彼らは自分たちを「マッチョな若者」と「なよなよしたガリ勉」との中間だと見なし、努力せずに達成することを目指している」（1987, p.72）。当然、努力せずに成功するのは難しい。

◆学業成績向上のための方略

男子の達成向上のための方略

ノーブル（1999）の報告書には、カークリーズ市の教育当局が１９９５年に始めたプログラムについて述べられている。男子の学業達成を向上させることがそのプログラムの目的であった。その時点において、ＧＣＳＥの達成レベルには男女間に12パーセントの格差があった。プログラムを実行した結果、その格差は減少した。プログラムは3部構成になっている。

1　**意識の向上**

- 教師はもちろんのこと、親や理事を含めたスクールコミュニティー全体での話し合いを設ける。
- 男子生徒に学業不振の問題を意識させる。ただし伝え方には注意が必要である。「男子生徒に向かって、君たちは怠け者で、読み書きが満足にできず、秩序を乱している、と告げたところで、彼らは問題を克服しようなどと思わないだろう。逆に反優等生文化を強化するだけである。（中略）学業不振は自分たちに似合わないし、実際には全く男らしくない行動だと、彼らが自覚できるようにすべきである」（Noble, 1999, p.2）。

2　学校全体の取り組み

・第3学年と第8学年の授業を特に面白いものにし、豊かな経験ができるように工夫する。
・学級編成を見直す。「厳しすぎるクラス分けは、男子生徒や民族的マイノリティの生徒の学業達成を抑圧する」（Noble, 1999, p.2)。
・すべての学年において、読み書きに重点を置く。
・親との連携。数人の親に潜在的な役割モデルとして活躍してもらう。「部門ごとに小冊子を用意し、身の回りの環境や日常生活の中から子どもに関係のあるテーマを与える方法を記して、親への手引きとする」（Noble, 1999, p.3)。
・最も重要なのは、学校を学習の場として描くことである。それをリードしていくのは教師である。「教職員は学習者としての自分をどのように考えているか。男性の教師やサポートワーカーは最近読んだ本や学んだことについて話をしているだろうか。（中略）教師たちは自らを、生徒について、あるいは生徒から学び続けていく存在であると思っているだろうか。それとも、うまくいかないときだけ、異なるアプローチを試みているだけだろうか」（Noble, 1999, p.3)。

3　教室での方略

・学習効果が最大になるように座席の配置をデザインする。

・**学習スタイル**を重視する。「男子生徒の関心を引くためには、教師による情報入力を最小限に減らし、与える課題を小さく噛み砕いて充分消化できるようにする」（Noble 1999, p.3）。

・「共同作文（shared writing）」のような協同学習の技法を採用する。「男子にも女子にも人気の技法である。この学習を通して彼らは責任感を持つことができ、自分の書いたものについて熟考する機会だけではなく、他の生徒にも良く考えるように励ます機会が与えられる」（Noble 1999, p.4）。

・「教師たち自らも学習者として振舞う。授業終了時に学習目標を振り返りながら、どうしたらもっと授業の質を向上させることができたかを、クラス全体に問いかける」（Noble 1999, p.4）。

民族的マイノリティの生徒の到達レベルを向上させる（DfEE, 2000b）

この文書では、学業達成を上昇させるために必要不可欠と考えられるポイントを、4つに分けて記述している。

1　期待を高める

これは教師・両親・生徒自身が、生徒の潜在的な力を信じ、その成功を心から祝福することを指す。以下のプログラムを通して成功への高い期待がサポートされる。

・メンタリング（mentoring）を受けたり役割モデルを演じるプログラム

学校でのメンタリング・プログラムは、特に第9学年と第10学年の黒人男子生徒に提供できるよう拡充された。メンターは20歳代前半の優れた成果を挙げている若者で、生徒にとって身近な存在となるように彼らと同じコミュニティ出身者から選ぶ。メンターには学校について語ってもらう。

(DfEE, 200b, p.10)

Sという男子生徒は人気者で勉強もできたが、それでも仲間の信頼を勝ち得ていた。例外的には、自分の作品が教室の壁に飾られるなど、優秀であるために際立つことを気にかけない生徒もいるのである。あるときSの友人が教師のもとを訪ね、キー・ステージ3の課外授業をしてほしいと言った。彼もSのようになりたいというのである。

(DfEE, 200b, p.10)

・構造化された学習と支援プログラム。特に、カリキュラム、評価、目標設定のさまざまな側面に合わせた特定の支援、および、生徒全員の文化的背景を尊重するプログラムをも含む。

黒人作家による英語の著作を検討する。

(DfEE, 200b, p.14)

ある学校では『マクベス』を教える際に、関連事項としてイスラムの伝統について取り上げた。

(DfEE, 200b, p.14)

アフリカ系カリブ人の男子生徒たちに対応して、アフリカに関する学習が取り入れられた。

彼らのそれまでの行動は、教師の悩みの種であった。この授業を追加したことで時間を取られたにもかかわらず、この学校でのＧＣＳＥの成績はすべての教科において徐々に向上していった。

（DfEE, 200b, p.14）

2　文化と理念《エートス》

・校長や学校理事は、学校全体が大切に考えている価値を明確にし、それを効果的に伝える。
・高い行動基準と互いに尊重しあう文化的土壌を学校全体で作る。
・万人にとって公平な罰と報酬のシステムを導入する。
・人種、性別等に対する固定観念や偏見に対抗するための意識的な取り組みを行う。また、人種の問題に対処する手続きを導入する。

3　親の参加

・スタッフとのコミュニケーションを増やし、親の参加を奨励する。たとえば、スタッフを指名して、そのスタッフとの間で電話、家庭訪問、自由セッションを行ったり、言語サポートを受けられるようにする。

4　民族的マイノリティ集団へのモニタリング

・民族的マイノリティの生徒がどのように学校生活を過ごしているか、特に学業の進歩や行動に問題がないかといった点について、経過を追い、分析するシステムが学校には必要である。

◆まとめ

学業達成に見られるジェンダーや文化の多様性を説明するのは簡単ではない。全体的な傾向は明らかである。GCSEでは女子が男子を上回る成績を獲得している。しかし全体の傾向を追うことで、下位集団やそこに属する個人の差異が分かりにくくなる可能性も否定できない。本章で論じたように、学業達成はいくつもの要因間の相互作用の影響を受けている。つまり、性別や社会階層、学校タイプ、民族的背景、そして各々の生徒が学業達成を自分のジェンダー・アイデンティティや仲間集団とどのように関連づけているか、などの要因が絡んでいるのである。さらに本章では、男子生徒と民族的マイノリティの生徒の学業水準を向上させるための方略を検討した。このテーマには多くの関心が寄せられ、現在も研究が進められている。

読書案内

以下の政府刊行物は一読に値する。

Gillborn, D. and Gipps, C.（1996）*Recent Research on the Achievements of Ethnic Minority Pupils*, OFSTED Review of Research, London: HMSO

Arnot, M., Gray, J., James, M. and Rudduck, J.（1998）*A Review of Recent Research on Gender and Educational Performance*, OFSTED Research Series, London: The Stationery Office.

http://www.standards.dfee.gov.uk/genderandachievement

政府によるインターネットサイト（The Government Standards）には学力に関する最新の情報が公開されており、参考になる。

第6章 学習スタイルと教授スタイル

◆はじめに

学習スタイル、あるいは教授スタイルといったテーマを調べていると、そこで用いられている専門用語の多さと、学習スタイルの何らかの側面を測定すると称する質問紙や調査票の数の際限のなさに、圧倒されてしまうだろう。専門用語には、学習スタイルや認知スタイル、学習方略、教授スタイル、指導方略などがある。この章を読み終える頃には、これらの概念が意味するものの違いが明らかになるはずである。まず、本章では学習スタイルに関するいくつかの理論を理解してもらえるよう説明する。さらに、測定のための道具の限界についても述べる。それと同時に、どうすれば学習と教授のスタイルを学習効果の向上につなげることができるかを検討していく。

◆定　義

学習スタイルとは何だろう。ベネット（Bennett, 1990）は、次のように定義している。

> 〔学習スタイルとは〕教育経験にアプローチする際の、ある人の行動や遂行成績の一定のパターンを指す。個々人に特徴的な認知的・情動的・生理的な行動から構成されるものであり、学習者がどのように学習環境を受け止め、環境と相互作用し、応答していくかについての比較的安定した指標となる。
>
> （Bennett, 1990, p.140）

ダンら（Dunn, Dunn and Price, 1985）は、学習スタイルに関連する22の要素を挙げている。これらの要素は次のような次元に関連づけられている。

・**環境的要素**　照明は明るいのと薄暗いのと、どちらを好むか。音はあったほうが良いか、ないほうが良いか。温度は涼しい方が良いか、暖かいほうが良いか。教室デザインはフォーマルが良いか、インフォーマルが良いか。

・**情動的要素**　忍耐力や動機づけのレベルには個人差がある。また、責任と自由気ままであることとの兼ね合いにかかわる要素。

・**社会学的要素**　誰と学習するのを好むか――すなわち、一人が良いか、グループが良いか、それともペアが良いか。

・**身体的要素**　知覚的にどの分野が強いかということ。たとえば、学習タイプとして聴覚型、視覚型、触覚型などがある。この要素の中には時間帯の好み――すなわち午前と午後のどちらの時間帯の学習を好むか――も含まれている。

・**心理的要素**　衝動型か熟慮型か、といった心理的な特徴をさす（Griggs, 1991）。

さらに複雑なことに、ライディングとチーマ（Riding and Cheema, 1991）は、認知スタイルと学習スタイルという2つの用語の相違点を記している。それらの用語を同じ意味で使っている理論家も多いとのコメントが付されているが、彼らによると、認知スタイルとは基礎となる学習スタイルであり、そこにかかわる過程についての理論的・学問的記述を含むものである。一方、学習スタイルとは一日で分かり、トレーナーや教師が興味を持つものである。

構造か過程か

さらにライディングとチーマ（1991）は、学習スタイルには3種類の捉え方があるという。

1　**構造**（内容）　学習スタイルは、想定された安定的な構造を反映しており、それは時間が経過しても一貫して変わらないとする。それゆえ、教師はその環境での個人の学習スタイルを見極め、その学習スタイルに指導の方法を適合させていく任務を負っている。

2　**過程**　学習スタイルを常に変化し続ける状態であると考え、それがどう変化するか、そして指導者はどのようにその変化を促進できるかに焦点を当てる。

3　**構造と過程**　この見解では、学習スタイルは比較的安定しているものの、出来事によって変化・修正されるものでもあると捉える。

カリーの玉ねぎモデル

カリー（Curry, 1983）が提唱した学習スタイルの玉ねぎモデルは、学習スタイルがいかにして構造と過程の2つの側面から、つまり比較的不変であると同時に修正されうるものとして捉えうるのかを説明しようとしている。カリーのモデルでは、学習スタイルを測定する指標は3つのグループ、あるいは「玉ねぎの皮に似た層」に分類されている。

1　**玉ねぎの一番外側の皮**　カリーはこれを「指導法への選好」と呼び、学習スタイルの測定方法の中では最も変化しやすいものであるという。学習環境、学習者本人や教師による期待などによって、指導法への好みは簡単に影響を受ける。このレベルの学習スタイルの測定法には、「学習選好目録」（Rezler and Rezmovic, 1981）などがある。

2　**玉ねぎの皮の中間層**　カリーはこれを「情報処理スタイル」と呼ぶ。この学習スタイルには、学習者が情報を統合・同化する時の知的なアプローチを反映している。このタイプの学習スタイルは指導法への選好よりも安定的だが、学習方略によって影響を受ける。このレベルの学習スタイルの測定法には、たとえば「学習スタイル目録」（Kolb, 1976）がある。

3　**玉ねぎの一番内側の皮**　カリーはこれを「認知的パーソナリティ・スタイル」と呼ぶ。これは情報を同化・適合させるときの個人のアプローチとして定義される。すべての学習行動は根本的にこの部分に統制されているが、この部分は環境と相互作用しない。この次元の学習スタイルの測定法には、ＭＢＴＩ（マイヤーズ・ブリッグス・タイプ・インディケーター）などがある。

上記のモデルで興味深いのは、学習方略が結果的にある種の学習スタイルに影響を与えうる点である。学習スタイルとはきわめて固定的・安定的な個人の特徴であるが、一方の学習方略は、状況、課題、問題にアプローチする方法を概括したものであり、年齢と共に学習され発達する。生涯を通して人は数多くの学習方略を学ぶが、その人の学習スタイルは極めて安定しているのである（Riding and Cheema, 1991）。

教授スタイルと指導方略

以上のような多種多様な定義に加えて、教授スタイルと指導方略についても区別がある。ベネット（Bennett, 1990）は、授業の方法論あるいは指導方略とは、その教師が好む講義の仕方、すなわち小グループでの作業か、口頭リポートか、などを指すと述べている。一方「教授スタイルとは、学習者との相互作用に用いられる教師の広汎にわたる個人的な行動やメディアを指す。それは、どのような教授法を用いていても変わることのない、個人としてのその教師特有のアプローチである」（Bennett, 1990, p.161）。教授スタイルの一つの例として、フォーマル・アプローチかインフォーマル・アプローチかがある。フォーマルな教授スタイルでは、教えようとする教科が中心となり、教師の責任はその教科に関する知識を授けることである。一方インフォーマルな教授スタイルでは、一人ひとりの学習ニーズを重視し、教師の責任は適切な学習経験を作り上げることにある。

◆ 理論

学習スタイルの測定にはさまざまな理論やアプローチがある。本節では3つの理論に焦点を当ててみよう。

表6-1　マイヤーズ・ブリッグス・タイプ指標（MBTI）

外向型（Extroverts） 関心が外の世界に向かう	vs.	**内向型（Introverts）** 関心が自己の内面に向かう
感覚型（Sensors） 事実や物事の進行を重要視する	vs.	**直感型（Intuitors）** 物事の意味や可能性を重要視する
思考型（Thinkers） 論理と規則に基づいて決定を下す	vs.	**感情型（Feelers）** 自分の考えに基づいて決定を下す
判断型（Judgers） 検討課題を設定し、それを厳密に守る	vs.	**知覚型（Perceivers）** 状況に応じて臨機応変に対応できる

マイヤーズ・ブリッグス・タイプ指標（ＭＢＴＩ）

この理論では、４つの次元あるいは尺度に沿って個人の学習スタイルを分類する。それらの尺度はユングのタイプ論に由来する。表６‐１にその４つの指標を示した。

このモデルによると、各指標におけるスコアを出し、その組み合わせによって16通りの学習スタイルに分類される。たとえば、ある人の結果は「外向型、感覚型、思考型、判断型」となる（Felder, 1996）。

コルブの学習スタイル目録

コルブ（Kolb, 1976）は学習の過程を２つの要素に分けて考えた。一方が情報の知覚（情報をどのように取り入れるか）であり、他方が処理手続き（情報をどのように内面化するか）である。

知覚（情報をどのように取り入れるか）に関しては、以下のどちらかの選好をもっている。

具体的経験　ある特定の状況に参加すること。感情を大切にしながら他の人と関わっていくこと。

または

抽象概念化　感情よりも、分析・思考・計画などを重視すること。

一方、処理手続き（情報をどのように内面化するか）に関しては、以下のどちらかに選好が分かれる。

能動的実験　情報を得て実際に何かを行うことを好む。リスクを冒し、人に影響を与える実践的な事柄へ参加することを重視する。

または

内省的観察　実際にやってみるよりも、ある情報をもとに考えを深めることを好む。理解すること、意味を見出すこと、そして別の観点から状況を判断することを重視する。

情報の知覚と処理手続きはそれぞれ2つの次元があるので、全部で4タイプに分類できる。

タイプ1　（具体的経験　＋　内省的観察）
タイプ2　（抽象概念化　＋　内省的観察）
タイプ3　（抽象概念化　＋　能動的実験）

タイプ4　（具体的経験　＋　能動的実験）　（Felder, 1996; FEDA, 1995）

ハニーとマンフォードの学習スタイル

ハニーとマンフォード（Honey and Mumford, 1986）はコルブの理論を継承し、学習スタイルを測定する質問紙を作成した。彼らは4つの学習スタイルを設定している。

活動家　いまここでの現在において機能し、実践型の活動を好む、挑戦をこよなく愛する、物事が実現されると飽きてしまう、必ずしも問題点には気がつかない。

内省家　一歩引いての観察を好む、思考や分析を好む、注意深い傾向がある。

理論家　理論的、論理的、分析的。理論やモデル、秩序を好む。

実用主義者　新しいアイディアを好む。水平思考に優れている。新しいアイディアを実行に移すことに熱意を傾ける。

◆学習スタイルの測定

学習スタイルを測る多くの指標が質問紙の形で作られている。学習スタイル目録は心理検査の一例であるので、第3章に挙げたような利点と限界を備えている。

学習スタイル測定の問題点

・**信頼性**　学習スタイルの質問紙には、信頼性、つまり獲得したスコアの一貫性に問題がある。テストのスコアは、そのテストが行われた雰囲気や時間などの要因によって変動してはならない。

・**妥当性**　テストには妥当性がなくてはならない。すなわち、他の要因ではなく、測定しようとする当の内容を測定しなくてはならない。質問のしかたについては慎重を期する必要がある。たとえば、もし質問紙が「テレビを見るのは好きですか」という記述に回答を求めたならば、その回答は本当に個人の学習スタイルについて知るための手がかりになるだろうか。学習スタイルの質問紙には、イエス・ノーの形式で答えるものもある。しかし、イエス・ノーの回答は、本当にその問題についてどう感じているかを反映しているだろうか。

・**反応バイアス**　こう答えるべきだと思う答えを記入することはないだろうか。

・**学習方法を自覚できるのだろうか**　学習方法の自覚の程度には個人差があるのだろうか。ハニーとマンフォード（1992）は、学習方法の好みは人によって異なっているものの、大部分の人はその好みに気がついていないという。自覚の程度は学習スタイル目録の妥当性に影響するだろうか。

・**カテゴリーに人を分類しがちな傾向**　個人を型にはめて考えてしまう危険性がある。「活動家」と一度判定されると、その人はずっと「活動家」であり続けるといえるだろうか。コルブ（1984）は、学習スタイルの好みの判定は、より多様な選択肢・決定・可能性へとその人を導くために行われるべきだと述べている。おそらく自分の学習スタイルを知り（その長所や限界も含めて）、さらにそれ以外の学習スタイルについて知ること（長所や限界も含めて）によって、自分のスタイルとは異なる学習スタイルを試してみる機会が生じるだろう。

- **学習スタイルに関する多数の指標は、互いにどのような関係にあるだろうか**　学習スタイル目録は多岐にわたる変数を測定する。どの程度「活動家」あるいは「内省家」としての特質を備えているか、という点だけではなく、室温の好みや学習時間の好みなどにも学習スタイルが反映している。そこで問題なのは、これらの情報をどう組み合わせるかである。ルイス（Lewis, 1976）は、多くの理論家が「自分の好みの特徴だけを追求することに専念し、無邪気に互いを無視しあっている」ようだと述べている（p.304）。
- **学習スタイルと特定の指導スタイルとは、どのような関係にあるか**　ライフ（Reiff, 1992）は、さまざまな学習スタイルが提案されているものの、それらの情報を有効に利用する方法はまだ確立されていないと述べている。学習スタイル、特定の教育環境、特定の指導アプローチの3点の明確なつながりを明らかにする必要がある。

学習スタイル指標の利点

学習スタイルが確定されると、次はそれに指導方略を適合させることが可能になり、その結果学習効果も向上するだろう。この章の次の節では、学習スタイル、指導方略、成績向上の結びつきを見いだそうとした研究を紹介していく。

学習スタイル測定に代わるアプローチ

上述のとおり、学習スタイルは質問紙によって測られる場合が多い。しかし、他の方法はあるだろうか。もし、学習スタイルと指導方略との間に対応関係が見られるのならば、ある人が好む指導方略を見極めるだけで、その学習スタイルも推察できる。複数の指導方略を体系的に提示し、それぞれの指導方略における成績を測定することで、どの指導方略が結果的に最高の遂行成績を引き出すかを見極めることが可能になるかもしれない。

◆学習スタイルの個人差

この節では、ジェンダーと民族的マイノリティとの関連から、学習スタイルの差異を見ていくことにする。また自閉症に関しても、学習スタイルに個人差がないかを見ていく。以下に参照する研究は、学習スタイル、指導方略、学習の効果の間の結びつきを見出そうとしている。しかし大まかな傾向は浮かび上がってくるものの、それによってグループ内における差異が曖昧になってしまう可能性があり、現にそうなってしまう点には当然自覚的である必要がある。

ジェンダー

ボーラー（Boaler, 1997）が行った研究は、男子学生と女子学生の「知識獲得」方法には好みの違いがあるという立場を裏づけている。ボーラー（1997）は、2つの学校における第9学年の生徒の数学の学業成績を、3年間追跡調査した。選ばれた学校は似た地域にあり、生徒は第9学年の開始時に行った認知能力検査で同じようなスコアを獲得していた。2つの集団の唯一の違いは、数学の教授法である。第一の学校では、内容中心・教科書中心の伝統的なアプローチで授業を行った。第二の学校では、オープン形式、プロジェクト・ベースの授業を行い、何よりも学ぶプロセスに重きを置いた。3年後、2校の間には学業成績に差が見られた。伝統的なアプローチを行った学校の女子生徒の達成がより低かったのである。特に成績上位者の間には顕著な差が見られた。生徒とのインタビューの結果、以下のことが明らかになった。女子生徒は、期限がなく、プロジェクト・ベースの、現実に即した状況での学習課題が与えられる授業で、考えたり議論したりする時間が設けられているのを好む。男子学生も議論を好むものの、抽象的な事実や法則を記憶する伝統的なアプローチに、女子学生よりも積極的かつ適応的であった。アーノットら（Arnot *et al.*, 1998）はこの研究を評して、このような小規模の研究を基にした一般化は危険だと警告を発しながらも、学習スタイルに男女差があるという仮説はさらなる検証に値すると述べている。

自閉症

エーデルソン（Edelson, 2000）は、自閉症の生徒たちの学習スタイルについて述べている。特に、視覚（見ることによって学ぶ）、聴覚（聞くことによって学ぶ）、触覚（触ることによって学ぶ）の各モードへの彼らの選好について述べられている。エーデルソンらによると、多くの自閉症児は一つの学習スタイルに依存している。それゆえ、学習スタイルの選好を注意深く評価することで、さらに適切な教育的介入が可能になりうる。エーデルソンによると、自閉症児と接するときに教師が共通して感じる困難は、彼らが教師の指示を無視して教室中を走り回ることである。エーデルソンはこの問題に対して、おそらくそのような生徒は聴覚型の学習者ではないので、教師の指示を別の感覚様相や学習スタイルをベースとしたものに変えるべきだと指摘している。おそらく、触覚型のアプローチ（子どもの肩に手を置き、椅子まで導く）、あるいは視覚型のアプローチ（子どもに椅子の絵を見せ、それに座るようにジェスチャーで指示する）ならば効果が上がるだろう。もし学習スタイルの好みが分からないならば、教えるときに、すべてのモダリティを用いるようにするとよい。

民族的マイノリティ集団

グリッグスとダン（Griggs and Dunn, 1996）はさまざまな民族的マイノリティの学習スタイルについて論じており、特にヒスパニック系アメリカ人について詳しく言及している。彼らは学習スタイルを5つの次元から見ており、下記のような違いを見いだした。

1　**環境面における学習スタイル**　メキシコ系アメリカ人の小中学生は涼しい温度とフォーマルな教室デザインを好む。

2　**情動面における学習スタイル**　この学習スタイルは、責任感、構造、忍耐力、動機づけなどを指す。メキシコ系アメリカ人は他の集団よりも高いレベルの構造化を必要とするようである。

3　**社会的な学習スタイル**　白人の生徒は、メキシコ系アメリカ人やアフリカ系アメリカ人の生徒よりも一人で学習するのを好む。一方、アフリカ系アメリカ人の生徒はマイノリティ集団の中で最もグループワークを好む（Dunn and Dunn, 1992; Sims, 1988）。

4　**生理的な面での学習スタイル**　プエルトリコ人の大学生は昼前からの学習に強い選好を示している。シムズ（Sims, 1988）は白人の生徒はメキシコ系アメリカ人よりも勉強中の飲食を格段に好むことを見いだした。白人とアフリカ系アメリカ人はメキシコ系アメリカ人よりも聴覚・視覚型の学習スタイルをはるかに好む。ラテン系は触覚（運動感覚）型の学習者であると評定された（Yong and Ewing, 1992; Dunn, Griggs, and Price, 1993）。

グリッグスとダン（1996）は、このような研究の持つ限界を理解すること、そして民族的背景はたった一つの変数にすぎず、個人の学習スタイルはいくつもの変数によって影響されるという事実を認識することが重要であると述べている。学習スタイルは、社会・経済的な地位、住んでいる地域、宗教、家族構成などにも左右される。しかし、このような調査の限界はあるものの、ヒスパニック系の生徒は全体的に涼しい環境、グループでの学習、触覚（運動感覚）を利用した指導方式を好み、昼前から午後にかけてエネルギーのピークが見られる。

◆学習効果と学習技能の向上

学業成績を高めると主張する、さまざまな方略がある。それらは次のようにカテゴリー化できる。

・学習スタイルと指導法を合致させようとする方略
・特別な学習技能。たとえば、時間管理やノートを取る技術、あるいは読みのテクニックを研究し向上させるためのステップなど。
・メタ認知的アプローチ。学習の仕方を教える。「フォイヤーシュタインの認知能力強化教材（Feuerstein's Instrumental Enrichment）」や「学習過程に基づいた指導（Process Based Instruction）」など、思考スキルを向上させるためのプログラムがある。

学習スタイルから指導アプローチへ

個人の学習スタイルが判明したとして、次に問題になるのは何だろう。もし教師が生徒が好む学習スタイルで教えていないことに気がついたら、教材を変えたり工夫したりすべきだろうか。カリキュラムの都合上、一斉授業が必要なときはどうすればよいだろうか。クラスの一人ひとりの生徒が全員異なる学習スタイルだったらどうだろうか。この問題を切り抜ける一つの方法は、多様な指導方略を用いることである。つまり少なくともある一定の時間は、一定の生徒が好む学習スタイルとなる。このアプローチは生徒の学習スタイルを特定できないときにも有効だろう。また別の見方をしてみよう。フェルダー（Felder, 1996）は、もし教師が生徒の好む学習スタイルのみを取り入れた授業を行っているとしたら、その生徒は「精神面での器用さを発達させることができない。彼らは学校でも仕事でも、何かを成し遂げようとするならば、学習へのアプローチを柔軟に変えられるような能力を開発する必要があるはずである」（p.18）と指摘している。

4－MATシステム

マッカーシー（MacCarthy, 1990）は、コルブの学習スタイル論を受け継ぎながら、それに修正を加えて「4－MATシステム」を編み出した。これは授業プランをデザイン・発展させるために使われており、対象となる生徒の年齢は5歳から17歳である。コルブのモデルに従って、マッカーシーは学習者を4つの

表6-2 4―MATシステム

コルブによる分類	マッカーシーによる学習タイプの分類	授業計画の側面
具体的経験	**革新的／想像的**　生徒は情報を感情や感覚で受け止める。このタイプは自分の経験について省察する時間が必要である。	**動機づけ**　このステップは活発な参加を望む生徒に適合する。そのような生徒は，なぜその情報が必要なのか，そしてそれが自分の経験にどのような関係があるのかを知りたがる。動機づけには２つの側面がある。 ・経験を生み出す ・その経験について省察する
省察的観察	**分析的**　生徒は観察と思考によって情報を処理し，さらに一歩進んで理論を構築する。	**概念発達**　このステップは，専門家の発言や教科書の記述などの形で情報が提示されるのを好む生徒に適合する。概念の構成は次の２つのプロセスを含む。 ・省察した内容を基に１つの概念にまとめる ・理論や概念を発表し，さらに発展させる
抽象的概念化	**共通感覚**　個人で始めに理論を構成し，発展させる。それからその理論が現実に適応しているかどうかを検討する。	**実践**　このステップでは，実践的な実施や活動を通して，１つ前の段階で得た知識を生徒に理解させることを目指す。そのプロセスは２つに分解できる。 ・新しい知識の実践と強化。 ・経験を内面化する。
積極的実験	**力動的**　一人ひとりの生徒は感情や感覚で学習する。さらに得た情報を用いるための方法を試してみる	**応用**　この側面では学んだ知識を新しい状況に適用するための方法を検討させる。これは次の２つのプロセスに分かれる。 ・新しい概念を適用するための計画を練る ・実施し他の人と分かち合う。

タイプに分類し、さらに授業デザインを8つのタイプに分類した（前頁の表6‐2を参照）。

マッカーシーによれば、学習スタイルにはそれぞれ長所も短所もある。そして、4－MATシステムを用いた授業では、それぞれの生徒が自分の好みの学習方法を経験することができ、同時に他の学習方法にも挑戦できるメリットがある。この授業プランでは、すべての生徒に対してそれぞれの学習スタイルがもつ価値を経験させることができる。では、このシステムは実際どのようなものなのだろうか。これについては具体例を挙げたほうが分かりやすいだろう。

4－MATアプローチによる授業プラン作りの例

授業の目標―学習サポートアシスタント養成クラスで学習スタイルに関する授業を行う。

動機づけ

1　経験を生み出す

受講生は自分が完璧だと思う授業プランを作成する。テーマは「UFOの真実」。

2　その経験について省察する

グループごとに分かれて、自分が完璧だと思う授業プランについて他の人と比較する。

概念を構成する

3　省察した内容を基に一つの概念にまとめる

授業プランを比較・検討するために、全体でのディスカッションの場を設ける。議論を通してテーマを深め、各自の考える理想的な授業プランの違い、そして個別の学習スタイルの好みという2つの概念の間に関連性を見出していく。

4　理論や概念を提案し、さらに発展させる

コルブ、ハニーとマンフォード、マッカーシーらの学習スタイル理論をまとめた資料を配布する。それに基づいてさらに議論する。

実践

5　新しい知識の実践と強化

受講生は、ハニーとマンフォードによる学習スタイル目録を用いて自分の学習スタイルを理解する。

6　経験を個人化する

受講生は再びグループに分かれて、自分の独自の学習スタイルについて発見したことを話し合う。

応用

7　新しい概念を応用するためのプランを練る

受講生は少人数のグループに分かれて、それぞれのグループ内で、4－MATシステムを用いて「UFOの真実」というテーマの授業プランを組み立てる。

8　他の人と分かち合う

それぞれのグループの一メンバーが、授業プランを全体の前で発表する。さらにクラス全体で議論する。テーマとなるのは、それぞれの立てた授業プランを実行に移すとどうなるか、生徒全員に対して有効なプランとなっているか、といった問題である。

4－MATシステムの評価

ボワーズ（Bowers, 1987）は第6学年の55人の英才児を対象に、4－MATシステムの効果に関する調査を行った。生徒は、4－MATシステム・グループか教科書中心グループにランダムに分けられた。両方のグループに「ニュートンの運動の第一法則」の単元の授業を行い、単元の終了時には試験を行った。その結果、全体のスコアおよび批判的思考力（論理的かつ構造的に考えること）のスコアにおいて、4－

MATシステムを用いたグループのほうが圧倒的に優秀な成績を上げた。

サングスターとシュールマン（Sangster and Shulman, 1988）は、中等学校での４－MATカリキュラムの実施および評価に関する試験的なプログラムについて、調査を行った。31人の教師と572人の生徒が参加した。質問紙とインタビューの結果、生徒と教師の両方がこのシステムは効果があったと受け止めていることが明らかになった。

学習技能

効率的な勉強法に関する情報は非常に豊富である。たとえば、時間管理の仕方、読みのテクニックの向上、授業のノートの取り方、レポートの書き方、試験のための勉強法などがこれに含まれている。時間管理については、ジョンソンら（Johnson, Springer, and Sternglanz, 1982）が以下を薦めている。

・勉強のための時間と場所を確保する。
・優先順位を決め、そのとおりに実行する。
・大きな課題を小分けにする。
・無理な課題を設定しない。一日の課題量を設定するときには、適度な分量にする。
・一度に一つのことに取り組む。
・進行状況をこまめにチェックする。

ロビンソン（Robinson, 1970）は、SQ3R法という読みの効果的な方法を考案した。

1　**概観する**（Survey）　各章を読み始める前に、その章に書かれている内容の概観を試みる。章のまとめや小見出しを見る。

2　**質問**（Question）　各章の見出しを質問の形に変える。その質問に答えようとすることで、より読書に興味を持って取り組める。

3　**読む**（Read）　一つの節を一度に読む。自分で作った質問に答えるつもりで読む。

4　**声に出す**（Recite）　声に出して（可能ならば）自分の言葉で質問の答えを言う。ここでメモを取るとよい。章全体を読み終えるまで、2から4のステップを繰り返す。

5　**復習**（Review）　章を読み終えたら、要点や質問に再び目を通し、復習する。

学習技能プログラムの評価

リーランド - ジョーンズ（Leland-Jones, 1997）は第6学年の生徒を対象に、学習到達度を向上させるための学習技能プログラムについて調査した。教材の使用法、解釈データ、章のまとめ作りなどに重点を置いた学習技能が、社会科コースの各章に1つずつ組み込まれている。プログラム実施の結果、生徒の学習技能の知識と到達スコアが上昇した。

ブラウンとフォリストール（Brown and Forristall, 1983）は、「コンピュータを利用した学習技能向上プログラム」に関する研究調査を行った。このコンピュータプログラムは、対話式に指示を出すことによって、時間管理、記憶の向上、講義ノートの取り方、テキストの読みなどのテーマについて生徒のスキルアップを図るものである。プログラムを終えた学生は、学習技能と学業成績において顕著な向上を示した。

生徒の学習技能向上を目的としたプログラムのひとつに、「勝利を目指せ」と呼ばれるプログラムがある。このプログラムの対象となるのは、ロンドン市内のキー・ステージ2と3の学業不振児である。このプログラムでは、イギリス・プレミアシップとファースト・ディヴィジョンのサッカーチーム内にスタディ・サポート・センターが設立された。周りの環境はサッカー一色であるが、このセンターでは読み書きと算数の技能を提供する。また、ここでは情報コミュニケーション技術（ＩＣＴ）や学習技能を教えたり、宿題ができるスペースを提供するなどのサービスを行っている。評価研究によると、男子生徒と同数の女子生徒も参加し、学習態度、読みの能力、算数の能力が男女共に向上した（Sharp *et al.*, 1999）。

メタ認知的アプローチ

メタ認知とは、自分自身の思考、学習、問題解決能力に影響を与えている要素への自覚を指す。学習プロセスへの知識・理解が深まると、それを自分の学習に組み込めるようになり、結果として自主的かつ効率的な学習が可能になる。学習者は能動的に学習プロセスに参加する存在であると考え、その役割を強調する。この分野のアプローチは数多くあるが、代表的なものとして「フォイヤーシュタインの認知能力強化教材」や「学習課程に基づいた指導」などを挙げることができる。

フォイヤーシュタインの認知能力強化教材

このプログラムの支柱となる概念は、「認知構造の変容可能性」と「媒介された学習経験」である。このプログラムでは、学習の基礎となる情動的・認知的な要素に重きを置いている。プログラムで中心的な役割を担っているのは教師である。教師は子どもと環境の間に立つ存在となり、入ってくる刺激をコントロールし、解釈する。それによって環境へのより深い理解が可能になるのである。このプロセスは媒介された学習経験と呼ばれ、教師が学習の媒介者となっている（Feuerstein *et al.*, 1980）。この媒介が成功するためには、教師は生徒に次のことを確実にできるようにする必要がある。

・これから何をすべきかを理解している。
・なぜその課題に取り組んでいるかを理解している。
・その課題には価値があり、課題が教室内にとどまらず応用が利くものであることを正しく理解している。
・自分の力で実際にできることを見極める能力、助けが必要なときに自覚できる能力、助けを求めるための技能を発達させる。
・前述の目標に向けて、内省の技能を身に着けること、内なる思考や感情に自覚的になることを促される。

この媒介された学習経験を通して、基礎となる認知構造が変容・変化していく。

過程に基づいた指導

このプログラム（Ashman and Conway, 1993）の目的は、メタ認知方略を発達させることで学習方法や問題解決方法を生徒に教えることである。このプログラムでは、自己質問、意思決定、評価などのスキルの向上を目指す4つの要素に焦点を当てている（表6-3参照）。

表6-3　過程に基づく指導の4要素

要素	教えられる技能
手がかりを見つける	どこから，どのように始めるかがわかる技能
行動する	必要な行動の系列に沿って行動できる技能
モニタする	プランが予定通り動いているかどうかを確認する方法
検証する	正しく課題を終了できたか，あるいは戻ってもう一度挑戦するかを見極める方法

ドーランとキャメロン（Doran and Cameron, 1995）は、これらのスキルを入学受け入れ学級から教えるべきであると述べている。

◆まとめ

本章にはさまざまな用語の定義が出てきた。学習スタイル、認知スタイル、学習方略、教授スタイル、指導方略などである。学習スタイルに関しては、

3つの理論を取り上げた。コルブ、ハニーとマンフォード、ＭＢＴＩである。学習スタイルは本人が質問紙に答える形式で測る場合が多いので、それに伴うさまざまな問題点が挙げられている。また、ジェンダーや民族的マイノリティに特有な学習スタイルのあり方に関する調査研究があるが、それらについても本章で検討した。ここでは教授と学習のスタイルに関する短い紹介を行ったが、それによって学習スタイルと指導方略を合致させたときに得られる利益の可能性が示唆されただけでなく、この分野のさらなる研究の現実的必要性も明らかになった。

読書案内

Further Education Development Agency（1995）*Learning Styles*, London: Meridan House. この短いパンフレットの中では、ハニーとマンフォードの学習スタイルモデルが非常に深く検討されている。このパンフレットの優れた点は、16歳から19歳を対象とする、学習スタイルを測定するための質問紙のコピーが掲載されている点である。

The National Foundation for Educational Research（Nfer）は現在進行中のプロジェクトに関する情報を集めている人にとって貴重な情報源である。Nfer は非常に有益なインターネット・サイトを有しており、多くの刊行物もそこから手に入れることができる。私のお気に入りのサイトの一つでもある。

http://www.nfer.ac.uk/

学習技能に関するさらに詳しい情報に興味がある方には、次のサイトをお勧めする。

http://www.utexas.edu/student/lsc/ststr.html

（訳者注　上述のサイトのページは開かなかった。インデックスのページは http://www.utexas.edu/index.php）

第7章　動機づけ

◆――はじめに

動機づけ（motivation）という言葉は、さまざまな文脈において頻繁に使われている。新聞の求人欄には、熱意と意欲に満ちた人を求む、とある。あの選手は気合いが入っているというとき、言い換えれば彼は非常に高く動機づけられているという意味である。宿題をしたり、試験に向けて復習に取り組んだりするのは考えるだけでも嫌だ、と友達に話しているときには、自分にはいま動機づけが欠如していると言おうとしているのである。ところで、動機づけとは一体何なのだろうか。動機づけを向上させるにはどうすればいいのだろうか。この章ではこれらの問いについて考えてみよう。

◆動機づけの定義

簡単に言うと、動機づけとは行動の理由と関わっている。動機づけの理論は、われわれは行き当たりばったりの行動をしているのではなく、すべての行動には理由がある、という仮定に基づいている場合が多い。フロイトなら、行動には常に理由（あるいは動機）があるが、人はなぜそれを行うかという理由を明確に意識しているわけではない、と言い添えるだろう。

コーエン（Cohen, 1990）は動機づけを、「人を行動に向かわせるもの」と定義した。ブレームとセルフ（Brehm and Self, 1989）は、特定の人間の動機づけの有無について述べるだけでは充分ではない、という。むしろ、その人がどの程度動機づけられているか、あるいは、その活動にどの程度の努力を注ぎ込む心構えがあるか、という観点から動機づけを考えるほうが有益であると考えるからだ。動機づけの高さは、個人の内的欲求、成果の見込み、そしてその行動が望ましい結果をもたらす可能性を本人がどの程度だと判断しているか、などに依存している。

心理学における多くの概念と同様、動機づけを定義するのは難しい。以上のような動機づけの定義に加えて、考えなくてはならない問いがまだいくつか残っている。

・動機づけには異なる形式や種類が存在するのか。
・動機づけを発達させる上で、他者はどのような役割を担うのだろうか。

間違いなく、動機づけを発達させる上での他者の役割について考えるのが、教授や教育における中心的な問いである。テイラーとソーントン（Taylor and Thornton, 1995, p.15）は次のように述べている。「他者の動機づけに責任を負う人はいない」、つまり、教師をはじめとする教育の専門家でさえも、生徒の動機づけをコントロールすることは不可能なのであり、せいぜい、生徒の動機づけに最大限の影響を与えうるように行動することしかできない。ゆえに動機づけが何であっても、それは他者が与えうるものではなく、ただ影響を及ぼすことができるだけである。

◆さまざまなタイプの動機づけ

理論家がさまざまなタイプの動機づけについて議論するとき、彼らは観察可能な行動とその行動の基底になっていると想定される理由（あるいは動機）の関連を見出そうとしている。動機づけにはさまざまなタイプがある。

・**生理学的／心理学的動機づけ**　非常に基本的なレベルで言えば、身体的あるいは生理学的な欲求がある。生理学的欲求とは食物、水、休息、セックスなどを求めることを指す。一方、心理学的欲求とは、精神的・社会的活動に関係がある。すべての欲求にはその欲求を満たしたいと願う動機が存在すると考えられる。

・**コンピテンス（有能感）**　ホワイト（White, 1959）は、発達途上にある子どもが能動的に環境を探索している様子を観察した。そして彼は、幼児の生得的な探索行動は、環境に対して影響を及ぼしたいという欲求の結果であると考えた。そしてこの欲求を有効性（effectance）動機、有能感《コンピテンス》動機、習熟（mastery）動機という用語で説明した。

・**達成／競争**　今日、われわれは競争社会に生きている。学業成績、仕事、パートナーなどを互いに競い合っているのだ。マクレランドら（McClelland *et al.*, 1953）は、達成の欲求、すなわち達成動機についての理論を展開した。また、ハーター（Harter, 1981）は、有能性《コンピテンシー》や習熟の欲求（内発的な動機）からも、良い成績、賞、あるいは賞賛などの外的報酬を得たいという欲求（外発的な動機）からも、達成動機は生じうると述べた。

・**親和動機**　以上の他にも重要な心理学的動機がある。愛着に基づく関係を形成したいという欲求や、他者との親和欲求、すなわち他者と相互交流したいという欲求である（Sigelman and Shaffer, 1991）。

動機づけにもさまざまな種類があるように、どの程度の欲求や動機づけを持つかには個人差がある。それゆえ、ある種の人々は高い達成動機を持ち、成功に向かって突き進み、他者をしのいで、しだいに高い欲求水準に挑戦するといえる。その一方で、達成動機がそれほど高くない人は、何とか日々暮らしていけるだけで満足なのである。

当然、多様な行動がこのように多種にわたるレベルの動機づけや欲求によって決定されるなら、これらの欲求や動機づけが葛藤を引き起こすことはないだろうか。親和への欲求と達成への欲求が葛藤しないだろうか。

また教師の立場から言えば、動機づけの種類によって優劣があるのだろうか。

◆──理　論

動因理論

初期の動機づけ研究の中には、飢えや渇きなどの生物学的欲求を中心にした研究が見られた。これらの理論では、欲求の状態と動因に導かれた活動によって動機づけを説明しようとした。まず生命体が欠乏あるいは欲求を認知する。これが引き金となって、動因による活動、すなわちターゲットとなる刺激に向かって行動し始め、それが遂行されると欲求水準は再び下降する（Hull, 1943）。この理論は、食物摂取のような生理学的欲求についての議論としてはわかるが、果たしてこの理論を親和動機や達成動機といった心理学的欲求に当てはめてもよいのだろうか。ルフランソワ（LeFrancois, 1997）は、生理学的欲求は欲求がかなえば満たされるが、心理学的欲求は完全に満たされることがないと指摘している。

覚醒の役割――ヤーキーズ＝ドッドソンの法則

動機づけには、確実に生理学的要因が関係している。覚醒という状態を取り上げてみると、これは心拍数、脳活動、呼吸の変化によって把握できる。一方、覚醒に関する心理学的要素は、集中力の程度に反映される。一般に、覚醒と動機づけはほぼ一致しており、通常は覚醒レベルが上昇するほど動機づけのレベルも高まるが、常にそうではないと考えられている（Brehm and Self, 1989）また、覚醒レベルが上がれば動機づけのレベルも上がり、さらにそれに伴って達成の度合いも高まるとも考えられている。**ヤーキーズ＝ドッドソンの法則**（The Yerkes-Dodson Law）は覚醒レベル、課題の困難度、そして遂行成績の効果に、相関関係があることを述べたものである（図7-1参照）。

　効果的な遂行成績をあげるには、ある程度の覚醒レベルが必要である。しかし、覚醒レベルが高すぎたり低すぎたりすると、遂

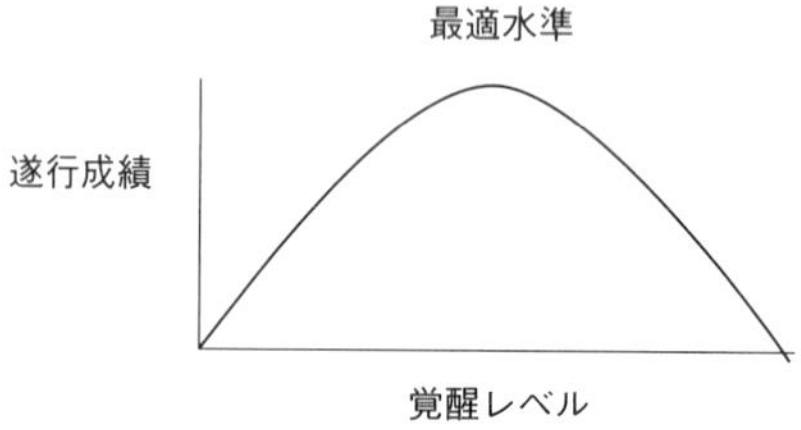

図7-1　ヤーキーズ＝ドッドソンの法則

表7-1　マズローの欲求の階層説

7　自己実現欲求 （自己の可能性を開花させたいという欲求）
6　審美欲求 （美，秩序，芸術）
5　認識欲求 （知的好奇心，探索，理解，知識）
4　自尊欲求 （尊敬，達成，自尊感情）
3　所属欲求 （愛情のやりとり）
2　安全欲求 （安心感，保護，保護）
1　生理的欲求 （食物，水，活動，休息，性）

行成績は下がってしまう。効果的な遂行に必要な覚醒レベルは、課題の困難度によって異なる。

ヒューマニスティックな動機づけ理論

人間には、人間以外の動物とも共有する食物や水への欲求などの基本的な欲求もあるが、実際の人間の欲求はより複雑である。基本的な欲求が満たされると、今度は徐々に高次のレベルの動機につき動かされるようになってゆく。マズローをはじめとする理論家たちは、人間の行動の背後にある理由を、自己認識を深め自己の潜在能力を発揮したいという内発的な動機に由来するものであると説明した。マズロー（Maslow, 1954）は、人間の欲求を階層化して説明している（表7-1参照）。

　基本的な欲求が満たされた後、他のより高次な欲求を満たす活動に時間や空間が与えられるという意味において、マズローの理論は階層的である。しかし、それは常に当てはまるのだろうか。スレーター（Slater, 1996）は統合失調症の治療に言及しながら、マズローのモデルを検討している。「愛情と親密さは、適切な保護《シェルター》と、人間関係や心の内部より生じる恐怖から比較的自由な安定した心があってこそ得られるものである」と考えられてきたが、スレーターは統合失調症の患者たちとの関わりのなかで、彼らに親密さの兆しを確認できたと主張している（Slater, 1996, p.10）。ということは、欲求は必ずしも順序どおりに満たされていく必要はないようである。

またヒューマニスティック心理学の学者たちは、異なる欲求を定義している。ロジャーズ（1960）は「自己尊重」への欲求、ハレ（Harré, 1979）は「社会的尊敬」欲求について、それぞれ述べている。

認知理論と自己効力感

認知論的な動機づけ研究は、動機づけにおける思考過程を重視する。**自己効力感**（self-efficacy）はバンデューラ（Bandura, 1986）が創出した概念で、自分の能力をどのように自己評価しているかに特に関係する自己の一面を表している。学習における自己効力感が高い生徒は、学習場面において忍耐力・努力・動機づけ・内発的興味などが秀でていることが明らかになった（Zimmerman, Bandura, and Martinez-Pons, 1992）。教師の立場から次に思い浮かぶ質問は、どうすれば生徒に高いレベルの自己効力感を植えつけることができるだろうか、というものだろう。この質問に答えるためには、自己効力感を構成しているさまざまな要素を参照してみる必要がある。まず、自己効力感には２つの側面がある。

・遂行を成功させるのに必要な、実際の能力《コンピテンシー》やスキル
・それらの能力《コンピテンシー》についての自らの評価

実際に必要とされるスキルをどう認識するか、そしてそれらのスキルの力量にどのように自己評価を下すかは、非常に主観的である。バンデューラ（1986）は、これらの評価が主観的であることを認めつつ、評価に影響を与える要素を4点にまとめている。

・**行動の達成**（enactive）　自分自身の行動から生じる要因である。これは見かけよりもはるかに複雑である。なぜなら成功や失敗は、個人の解釈や原因帰属に左右されるからである。たとえば、成功しても運が良かったからだと考えたり、失敗したのは教師が無能なせいだと考えたりする場合もある。
・**代理経験**（vicarious）　周囲を見、他人がどのように行動しているかを見て、比較することからの影響。生徒が最も影響を受ける比較相手は同級生である。
・**言語的説得**（persuasory）　あるスキルに関する自分の能力に自信が持てない場合、両親や教師のように重要な意味をもつ他人が自分の能力を信じて励ましてくれた言葉は、内面化されうる。そしてその言葉は、行動を後押ししてくれるだろう。
・**情動喚起**（emotive）　ある課題に直面したときの情動の強さや生理的覚醒の影響を指す。ある程度の覚醒レベルならば集中力が増すが、極端に覚醒レベルが上がってしまうと——たとえば極度の恐怖を

感じているときには――、課題に挑戦することそのものが不可能になってしまう。

自己効力感という概念は、大変重要である。なぜなら、次に何をしようとするか、さらにその課題において費やす努力の量、あるいはその課題に取り組もうとする動機づけを決定するからである。自己効力感のレベルが高いほど、困難に直面したときの忍耐力も高くなる。教師から見て問題なのは、この個人的な評価に対して他人がどの程度の影響を与えうるかである。

行動主義の動機づけ理論

コックス（Cox, 1991）は、運動選手の力を最大限に発揮させようと願うコーチが用いている動機づけについて述べている。しかし、彼の見方は教授過程にも充分適応が可能である。コックス（1991）は動機づけを、よく練り上げられた環境操作によって影響を与え、特定の目的に向かって変化させることが可能な動因であると考えている。このような点で、彼の見解は行動主義に沿っている（第2章参照）。コックス（1991）は動機づけには、第一次（primary）動機づけと第二次（secondaly）動機づけがあり、さらに肯定的な動機づけと否定的な動機づけに分類できるという。第一次動機づけは行動そのものに由来する。教育場面に即して言えば、第一次動機づけとは、授業への参加、レポートの執筆、学習課題をこなすことによる動機づけである。一方、第二次動機づけは、それらの行動自体に直接関係があるもの以外のすべてである。第二次動機づけの例としては、両親や教師、友人たちからの誉め言葉、認証、賞などが挙げられる。

表7-2　コックスの動機づけのタイプ

肯定的な第一次動機づけ　レポートを作成中の学生がいる。頭の中からアイディアが溢れ出て，ページがみるみるうちに埋まっていく。学生は「テーマは難しいけれど，これを書くのは楽しい。うまく仕上がりそうだ」と考えている。	**否定的な第一次動機づけ**　学生がレポートを作成中に行き詰ってしまう。紙を何枚もくしゃくしゃに丸め，「もうできない。もうだめだ。そもそも何でこんな授業を取ってしまったのだろう」などと考える。
肯定的な第二次動機づけ　返却されたレポートを見ると，次のようなコメントが書かれていた。「大変よろしい！　うまく構成されており，議論も両面からよく練られている。20/25」	**否定的な第二次動機づけ**　返却されたレポートには次のようなコメントが書かれていた。「この論文には失望した！　要点がまるで捉えられていない。今後の努力を要する。8/25」

コックス（1991）はさらに、動機づけが複雑であるのは、第一次動機づけと第二次動機づけのどちらをもたらすものも、生徒に肯定的にも否定的にも受け取られるという事実によるという。第一次動機づけに関して生徒にとってフィードバックとなるのは、その活動の価値に関する自己評価、あるいは、その活動での内的思考や感情を顧みての、その活動の遂行結果についての自己評価的な解釈である。第二次動機づけは二次的な要因からのフィードバッグによって、肯定的にも否定的にもなりうる。ここで具体例を挙げたほうが分かりやすいだろう。ある生徒が2000語のレポートを書こうとしているとしよう。表7-2には、コックスの提唱したタイプの動機づけが、レポート作成の作業にどのように応用できるかが説明してある。

　コックス（1991）は、動機づけとフィードバックの間には複雑で同時進行中の関係があると主張する。コックスは次のように述べている。

> われわれはある行動を取るように動機づけられ、実際にそれを行うといろいろなところからフィードバックを受け取ることになる。そしてそれは、肯定的なもの、あるいは否定的なものとして解釈される。その解釈次第で、その行動を再びするかどうかの動機づけが左右される。その行動が再び現れるのは、その直後かもしれないし、時間が経ってからかもしれない。
> （Cox 1991, p.16）

◆帰属理論

ワイナー（Weiner, 1974 ,1986）は人がどのように成功や失敗を解釈するかを研究し、**帰属理論**（attribution theory）を提唱した。成功あるいは失敗をしたとき、それを自分でどのように解釈するかによって、未来の成功／失敗経験に対する心構えが形作られる。やがて、成功か失敗か成果が分かれる課題に取り組むときの動機づけも、それによって決まるのである。

ワイナーの理論は、ロッター（Rotter, 1966）による先行研究を敷衍している。ロッターは**統制の位置**（locus of control）という概念を提唱した。統制の位置とは、自分の行動とその結果生じた報酬や罰との関係をどう捉えるかという個人の信念のことを指す。「内的統制者」は、自分の行動の結果（報酬でも罰でも）が自分の努力に起因すると考える。自分の身に起こったことを自己責任だと想定するのである。反対に「外的統制者」は、自分の行動の結果を、偶然、運命、幸運、あるいは他人の起こした行動に起因す

表7-3　原因の所在

例：ジョーは数学のテストで98点を取った。

	内的原因	外的原因
安定原因	能力 （僕には数学の才能があるんだ）	課題の困難度 （他の人はすごく難しいテストだったと言ってたけれど，僕には簡単だった。）
不安定原因	努力 （数学のテストのために復習するのが楽しい！）	運 （運なんて必要ない！）

引用：Sigelman and Shaffer, 1991, p.381

ると考える。そして結果が良いときも悪いときも、それが自分の能力や努力ゆえであるとは認めない。ただし統制の位置は、内的と外的に明確に区分されるのではなく、たいていの人はその二極の間に位置している（Corsini and Auerbach, 1996）。

さて、帰属理論に話を戻そう。ワイナー（1986）は、個人が成功や失敗をどう解釈するかという原因帰属を2つの次元から説明しようとした。

・内的原因 対 外的原因
・安定的原因 対 不安定な原因

表7－3は、良い成績を取った生徒がそれをどう解釈するだろうかを例にとって、この分類方式を図示したものである。

調査の結果、成績優秀者は成功を内的かつ安定した原因（高い能力）に帰属させることがわかった。さらに彼らは失敗を外的かつ安定した原因（「テストが不公平だった」）、あるいは内的かつ不安定な原因（「あまり一生懸命取り組まなかったけれど、次回はもっとしっかりやろう」）に帰属させる（Dweck and Leggett, 1988）。このような帰属様式を持つ成績優秀者は「マスタリー指向」と呼ばれ、たとえ失敗に直面しても最後まであきらめない（Dweck and Leggett, 1988）。一方、成績不振の生徒は、自分の成功を努力（「よく頑張ったから合格した」）などの内的かつ不安定な原因、あるいは外的な原因（「テストが簡単だった」「運がよかっただけ」）に帰属させることが多い。ここで重要なのは、この帰属様式を持つ生徒は、たとえ実際に成功しても、個人の能力と成功を結びつけて考えようとしない点である。ところが、失敗したときには一転して個人の能力と結果とを結びつけて考え、自分のことを頭が悪い、駄目な奴だ、などと思い込んでしまう。こういった考え方をする人々は将来の成功に対する期待度が低いので、動機づけの水準も低く、あきらめやすい。ドゥエック（Dweck, 1978）は、このような帰属様式を**学習性無力感**（learned helplessness）と呼んだ。

◆ 学習性無力感

この用語は、セリグマンとマイヤー（Seligman and Maier, 1967）の研究に由来している。彼らは犬に避けることのできない電気ショックを長期間与え続ける実験を行った。この実験を通して、セリグマンとマイヤーは、たとえ状況が変わって犬が電気ショックから逃げられるようになったとしても、犬は逃げようとしない事実を発見した。犬は何をしても環境に影響を及ぼすことができないことを学習し、それゆえに何もしなかったのだと考え、これを学習性無力感と呼んだのである。セリグマン（1975）はさらに、学習性無力感と抑うつ状態における無気力と関係を見出した。抑うつ状態にある人は、何をしてもどうにもならないと思い込んでしまう。

学習性無力感は動機づけの概念とどう関係するだろうか。もし何をしても意味がないと本気で思い込んでいれば、何かに挑戦してみようという動機づけは極端に低くなるか、ないに等しくなる、と言えるだろう（Hayes, 1994）。また学習性無力感は自尊心にも影響を及ぼす。事実、レンショウ（Renshaw, 1990）は、慢性的に自尊心が低い状態を学習性無力感と定義した。では、もし誰かが学習性無力感を経験しているとしたら、一体何ができるだろうか。

ドゥエック（1978）が主張するように、学習性無力感が誤った帰属様式に起因しているならば、帰属を変更させる訓練が効果的だろう。もし環境に対してまったく統制ができないという思い込みが原因ならば、小さい選択や決定をしながら個人の目標を設定していくといった、より主体的な参加を促すことが効果的だろう。もし慢性的な自尊心の低さが原因ならば、自尊心を高める方法が役立つだろう。当然ながら、学習性無力感を低減するためのさまざまな援助は、動機づけを高めることにもつながる。

行動主義的介入

コックス（1991）はシェイピングなど、行動主義の考え方に基づくテクニックを提唱している。すなわち適切な練習や活動をあらかじめ選択し、初心者を成功へと導く方法である。ここでは、ある行動の結果と、将来再びそのような結果に帰結する行動を取る可能性との関係を見る。このアプローチでは、すでにある能力を持つ人だけではなく、まだ能力が顕在的に表れていない人にも働きかけることができる。コックスは言語によるフィードバックの重要性に焦点を当てており、これが第二次動機づけを形成する。コックスのアドバイスは次のようなものである。

1　「すばらしい！」などの価値判断を含む言葉を避ける。このような言葉では、どのような点が良いのかを生徒に伝えることができない。価値判断を含む言葉をかけるときには、生徒にその理由が明らかになるようにする必要がある。賞賛の言葉は本物でなくてはいけないし、受け取る側にとっても本物と感じられなくてはならない。

2　肯定的な文脈で補正フィードバックの言葉をかける。たとえば、「それをやってはいけない」ではなく、「これをやってごらんなさい」と言う。

3　批判の言葉はその人に直接伝え、仲間集団の前で恥をかかせるのは避ける。

4　フィードバックはできるだけ早く行う。

動機づけを高めるためのコックスによるガイドラインは、スキナーが提唱した基本的な行動修正テクニックを大幅に取り入れている。しかしコックスのガイドラインの中には、そのアプローチの仕方において、行動主義以外の理論的見解の影響を見いだすことができる。まず肯定的あるいは否定的な動機づけの効果に気がつくために共感を必要とするという点には、ヒューマニスティックなアプローチが反映されている。共感の必要性は、教師と生徒がコミュニケーションの機会をもつことを意味する。このように生徒の思考過程を強調するのが、認知的アプローチによる動機づけの特徴である。おそらく動機づけを高めるには、これらいくつかのテクニックを組み合わせて用いる必要があるだろう。

帰属訓練

ドゥエック（1975）は、数学で何度も失敗に直面し無力感を持つようになったとされる子どもたちに、再帰属訓練を行った。「無力感を持つ」子どもの一つのグループが受けた訓練のセッションでは、子どもの成績がいつでも合格となるように設定されていた。しかし「無力感を持つ」もう一つの子どものグループは、たいていのセッションでは合格するものの、いくつかのセッションにおいては必ず不合格となるように予め設定してあった。このように失敗の経験をさせた後、インストラクターは子どもにスピードが遅すぎる、あるいは十分な努力をしていない、などと言って聞かせる。そしてこの2つのグループの子どもたちを比較した。ドゥエックが着目したのは、子どもの失敗に対する態度だった。面白いことに、失敗を経験していた子どもたちは、次に失敗したときにその原因を内的かつ不安定な原因（すなわち努力不足）に帰属させており、最終的には数学問題の遂行成績がかなり向上した。ところが対照的に、失敗を経験しなかった子どもたちは、次に失敗したときの原因を内的かつ安定な原因（つまり能力の低さ）に帰属させつづけ、数学が苦手だという彼らの信念は揺るがなかった。ここで得られた結果は**無謬学習**への反証として重要であり、高いレベルの学習への動機づけを維持するには、生徒が肯定的に失敗に取り組む方法を発展させる必要があることを示している。

目標設定への関与

学習性無力感を克服し、動機づけを高める方法のひとつは、生徒が学習課題にもっと関与するようにすることである。これは、生徒が課題の目標設定に関わるよう促すことで可能になる。

コックス（1991）は、目標を取り決めること、さらに複数の目標を設定することの重要性と、その目標が統制可能なものであることの必要性を詳述している。その際、各自で目標を設定することが重要である。教師が目標を設定してしまうと、生徒は他人のためにやらされているように感じてしまい、それが失敗への恐怖、とりわけ他人の期待に応えられない恐れへと結びついてしまう。

ローズら（Rose *et al.*, 1999）による研究報告は、重度の学習障害を抱える子どもたちが各自の目標設定にかかわるよう励ますことを目的としている。観察の結果、「生徒の学習課程への理解と、目標設定に全面的に参加する能力との間にはかなりの不一致がある」ことが明らかになった（Rose *et al.*, 1999, p.208）。この事実は、目標を設定する能力がどのような要因のスキルによって構成されているのかの考察へと導いた。従来、学習障害の人は、自分の思い通りにできることが少なく、普通の人に比べると抑うつと学習性無気力感を抱えてしまうリスクが高かった。それゆえ、彼らにとって、選択や決断を行う能力がきわめて重要なのだ。

特別なプログラム

ブリーチとスミス（Bleach and Smith, 1998）の研究プロジェクト報告は、男子生徒の英語の成績に関して、彼らの動機づけと成果に影響を及ぼしてしている要因が何かを探求しようとしたものである。すでに述べたように（第5章を参照）、男子生徒の英語の成績不振は非常に関心が注がれている分野であり、さまざまな対応策が提示されている。教授スタイルの改良――たとえば、ロールプレイを行う、実践的な調査を行う、ＩＴ技術を用いる、など――によって、動機づけの向上が見られた。将来の成功への期待感と自尊心を高めるために、生徒を誉めることが推奨された。また、学校で英語を熱心に勉強しても、男子生徒が仲間内での信頼を勝ち取れるわけではないことが明らかになった。つまりここには、親和動機と達成動機の間の葛藤が見られるのである。著者らによると、「男子生徒の学業成績については冷静なアプローチが必要とされる。年齢が上がると、良い成績を維持している者でさえ努力を軽く扱いたがり、しぶしぶ勉強しているようなイメージを演出する」（Bleach and Smith, 1998, p.4）。

確かに、複数の動機が齟齬をきたすこともあるだろう。コールマン（Coleman, 1961）は高校生に対して、どのような人間として同級生に覚えていてもらいたいかを問う質問調査を行った。結果は以下のとおりである。

・31％の男子生徒と28％の女子生徒が、学業成績が良かったと思われたいと答えた。
・45％の男子生徒が運動能力を認められたいと答え、24％が人気者だと思われたいと答えた。
・37％の女子生徒が課外活動のリーダーとして、35％が人気者として、覚えていてもらいたいと答えた。

コールマン（1961）は、仲間に認められることは生徒にとって非常に重要であるから、生徒が学業成績よりも社会的な関係性を重視することは驚くに値しないと述べている。この研究は確かに時代的に古いが、仲間に認められることと学業成績との葛藤は昔からの課題であることが分かる。しかし21世紀の現在、１９６０年代よりも学歴の占める重要性が増しているとも言えるのではないだろうか。そうだとすれば、教師はどのようにして生徒を学業へと動機づけしていけばよいだろうか。どうすれば、各科目の教授や学力を「冷静なアプローチ」で捉えられるだろうか。

◆まとめ

動機づけという概念は、なぜその行動を取るかという理由を説明しようとしている。心理学者たちは動機づけを説明しようと、さまざまな理論を展開してきた。動因理論では、有機体が何らかの欠乏や欲求を経験し、それが引き金となって欲求を満たそうとする行動が現れると主張する。行動主義の理論によると、動機づけは環境的因子とその影響で形作られる。ヒューマニスティックな理論では、より高次の水準の内在的な欲求に焦点を当て、それは自己実現欲求の反映であると主張する。一方で、認知理論は動機づけにおける思考過程に焦点を当てる。そのうち動機づけに関連するのは、帰属理論である。帰属理論はわれわれがどのように成功や失敗を解釈するかを扱う分野である。われわれの過去の出来事に対する解釈が、将来同じような出来事に関わる際の動機づけに影響を与える。学習性無力感とは、適応的な行動をしようとする動機づけが極端に低いか、全くない状態であると見ることができる。

生徒を動機づけること、言い換えると生徒に学習意欲を持たせることは、教師にとって大きな関心事だろう。しかし動機づけとは誰かが与えるものではなく、影響を及ぼすことができるだけである。すると次の問いは、どのような影響を与えれば、その人の動機づけを向上させられるだろうか、である。本章ではこの問いに答えるために、帰属訓練、行動主義的な介入、生徒による課題への積極的な関与の促進などの方法を論じてきた。

読書案内

LeFrancois, G.R.（1997）*Psychology for Teaching*, Belmont, Calif.:Wadsworth. この本の動機づけを扱った章は、非常に興味深く、また参考になる。

Hayes, N.（1994）*Foundations of Psychology*, London:Routledge. この本の動機づけを扱った章は、一読の価値がある。

第8章　学校での破壊的行動

◆はじめに

手に負えない生徒、学校を大混乱に陥れる生徒の報道が、全国各地で絶えない。市井の人々はそのような生徒を、破壊的で、始末に終えない、乱暴な非行少年などと評し、権威に対する尊敬の念に欠けていると嘆く。年配の読者ならば、学校で暴れると相当の報いを受けたことを思い出すだろう。それは時に体罰の形を取った。鞭や杖で打たれる、手の甲を定規で打たれる、折れたチョークが飛んでくる。社会は変化し、体罰の時代はとうの昔に過ぎ去った。しかし教室での破壊的行動（disruptive behavior）は、現在も問題になっている。教師や心理学者、その他の専門家たちは、今日、このような破壊的行動を「挑戦的行動」（challenging behavior）［訳注 「困難だが取り組みを要する行動」という意味も併せ持つ］とか、**情緒的・行動的困難**（emotional behavioural difficulties, EBD）と呼んでいる。本章では、以上の問題に対する定義、タイプ、原因、そして適切な介入をめぐるさまざまな考え方に焦点を当てていく。

◆定義とタイプ

上述のとおり、破壊的行動は「情緒的・行動的困難」あるいはＥＢＤと現在では呼ばれることが多い。われわれはみな、破壊的行動とは何を意味するかを直感的に分かっていると思っているが、正確に定義するとなると難しい。ここで話を進める前に、いくつかの問いを立ててみよう。

1 破壊的行動を50語以内で定義するとどうなりますか。

2 破壊的行動のチェックリストを作るなら、どのようなリストになりますか。

3 上記2つの質問は簡単ですか。その理由は？

ＥＢＤはさまざまな定義がなされている。クーパーの定義に従うと、ＥＢＤとは

> 若者が経験する、情動面あるいは行動面におけるあらゆる問題を指しており、それは彼らの人格的、社会的、そして／あるいは教育的発達を阻害するほどのものである。（中略）その中には心理・社会的な問題も含まれていると考えられる。たとえば社会的な逸脱行為や非行、さらに具体的に言えば自尊心の低さ、不安、引きこもり、行動化（アクティング・アウト）などである。またそれは広く生物的・心理社会的性質からはＡＤＨＤ、自閉症、それに関連した諸条件のように名づけられる問題の範疇に入るものである。
>
> （Cooper, 1996, p.1）

チャールトンとデイヴィッド（Charlton and David, 1993）によると、学校の観点から見たＥＢＤとは、次のような行動であるという。

> 言語的あるいは身体的に表出され、程度や方法は千差万別ではあるが、教師や学校の権威に対して暗に挑もうとする行動。
>
> （Daniels *et al.*, 1999, p.16から引用）

この定義に従うと、ＥＢＤはある程度は社会的に構成されたものである。すなわち問題は個人にあるのではなく、ある種の社会的環境の中でのその個人の相互作用を通して生み出される。それゆえ、ＥＢＤの

定義は個々の教師や学校の解釈に非常に大きく依存している。これがまず重要な点である。

◆ 影　響

ガーナーとヒル（Garner and Hill, 1995）の定義は、破壊的行動が引き起こす否定的な結果とその影響に焦点を当てている。彼らの定義する破壊的行動とは、次のようなものである。

> 子どもの教育活動への参加を妨害する行動、仲間からの孤立を招く行動、他の生徒の学習や活動に支障を与える行動、通常のコミュニティ活動に参加する機会を著しく減少させる行動、教師・スタッフ、教育資源に過大な要求を突きつける行動、子どもやその他の人間を身体的な危険にさらす行動、そして将来の就職を困難にする行動。
>
> （Daniels *et al.*, 1999, p.118より引用）

ただし、情緒的・行動的困難と、いわゆる行儀の悪さや一過性の情緒困難とを区別することも非常に重要である（Daniels *et al.*, 1999）。

教師が定義する破壊的行動

破壊的行動（ＥＢＤ）には数多くの定義がなされているが、これらをどう判断すればよいのだろうか。

おそらく、教師がどのように破壊的行動を定義しているかを問うことが役立つだろう。ＤｆＥＥ（教育雇用省）による報告、「通常学校における情緒的・行動的困難」（Daniels *et al.*, 1999）で取り上げられたある学校では、「生徒の行動に関する質問調査」を実施している。その調査用紙は、5つの領域（課題遂行技能、言語行動、非言語行動、情緒面での特徴、自己管理能力）について1から4の尺度（1＝心配なし、2＝やや心配あり、3＝心配あり、4＝非常に心配あり）で、教師が生徒の行動を評価する。これらの領域について詳しく述べてみると、

・**課題遂行技能**　提出物、本や課題を大事にする、宿題の完成、課題への取り組み、言語による指示に従う、適切な時に助けを求める、ガイダンスや助言を受け入れる。

・**言語行動**　指示に従わない、教師が話している最中に話をする、作業をせずに教師に話しかける、叫ぶ、他人の物まねをする。他の生徒をいじめる／脅す、教師をいじめる／脅す、騒音を立てる。

・**非言語行動**　教室から出て行く、教室をうろうろ歩き回る、椅子に座ってもじもじする、クラスを馬鹿騒ぎに巻き込む、他の生徒の持ち物を壊す／奪う。

・**情動面での特徴**　すぐに泣き出す、すぐに怒りを爆発させたりかんしゃくを起こしたりする、グループ内で孤立する、自傷行動、感情を表現できない。

・**自己管理能力**　授業をさぼる、学校をさぼる、遅刻する、教室でコートを脱がない、教科書や必要な道具を持ってこない。

当然ながら、何を「心配なし」とし、何を「非常に心配あり」とするかについては、議論を重ねた上で同意を形成しておく必要があるだろう。

以上、破壊的行動の多様な定義を見てきたが、破壊的行動そのものの理解に少しでも近づくことができただろうか。おそらく定義に明らかに見られる複雑さは、破壊的行動の現れ方はさまざまな形をとり、またタイプも多様である事実に由来する。また、破壊的行動の原因が複合的であることも、以上に挙げられたさまざまな定義から明らかであろう。

ＥＢＤ（情緒的・行動的困難）の生徒とは

ＥＢＤであると分類される生徒はどのくらいの数に上るのだろうか。確かな数字を挙げるのは難しい。エルトン委員会（DES, 1989）の調査では、学校における行動的困難が増加しているという事実を示す実証的なデータは見つかっていないという。ところが、挑戦的行動が原因で学校を除籍になったと推察される生徒数の統計結果は、異なる様相を呈している。１９９０／１９９１年に２９１０人だった学校除籍者の数は、１９９５／１９９６年には1万２０００人に増加している（Parsons, 1996）。統計によると、１９９７／１９９８年に学校から永久除籍になった生徒はイングランド全体で1万２２９８人である。そして、そのうち84パーセントは男子生徒である。民族も大きな要因として絡んでいる。黒人カリブ系の生徒の除籍率が最も高く、中国系の生徒は最も低い。また、地方当局によって保護された生徒は、他の生徒よりも除籍率が10倍も高いことも注目される（ONS, 2000）。

◆診　断

ＥＢＤに対処する最初のステップは、診断のためのシステムの確立である。上述の「生徒の行動に関する質問調査」はその一例である。ＤｆＥＥ（教育雇用省）による報告「通常学校における情緒的・行動的困難」（Daniels *et al.*, 1999）によると、適切なアセスメントが非常に困難なのは、ＥＢＤの定義が困難かつ混乱していることが一因である。生徒がＥＢＤのリスクありと診断されると、その生徒は特別なニーズを持つ子どもとして登録され、施行細則《コード・オブ・プラクティス》に定められたステージに即して、必要なサービスを受ける（第4章を参照）。

◆説明・原因・介入

ＥＢＤの原因として考えられる要因が数多く挙げられている。パック・レポート（SED, 1977）では、考えうる原因を以下のようにまとめている。早熟、学校を去る年齢の上昇、就職難、第二志望への嫌悪、教師の人員不足、スタッフの配置転換が多すぎる、そして教師の能力不足。オグルヴィ（Ogilvy, 1994）は、原因を3つの要素に帰している。生徒自身に由来するもの、家庭／コミュニティに由来するもの、学校に関係するもの、である。ＥＢＤの生徒とその教師たちに、破壊的行動と不登校についてそれぞれ説明を求めた興味深い研究（Reybekill, 1998）がある。ＥＢＤの生徒たちは、一人ひとりの教師と彼らの教育スタイルが自分たちの行動を引き起こすのだと感じている。一方教師たちは、生徒自身、家族、そして仲間に責任があると考えている。教師もＥＢＤの生徒も、自分が問題の原因に一役買っていると認めようとはしないのである。オグルヴィ（Ogilvy, 1994）は、ＥＢＤの原因に関する議論が錯綜してしまうのは、これまでの調査がその行動について、ただ一つの原因による説明を求めようとしているからだと論じている。今までの説明では、子ども本人、家庭、学校に原因があると見ている。オグルヴィは、そのような直線的な説明は、元来複雑な状況を単純化してしまい、結局役に立たないという。相互作用的な、あるいはシステム論的なアプローチが求められているのである。

ここで、破壊的行動の原因として考えられるものを次のように分類してみよう。

1　**行動主義的な原因論**　行動がある程度強化されているという考え方。おそらくその行動は、観察学習の過程を通して最初に学習されている。すなわち、破壊的行動を見た人は、強化されたのである。

2　**精神力動的な原因論**　その行動の裏には、おそらく幼少期に生じた葛藤が解消されずに残っている、とする考え方。

3　**生物学的・心理社会的な原因論**　生物学的な要因に由来する特異的な学習障害、たとえばＡＤＨＤや自閉症スペクトラム障害（自閉症圏の障害）が、破壊的行動をもたらすという考え方。これらの症状が原因で、本人と社会的環境との相互作用が妨げられている可能性がある。行動化（アクティング・アウト）の背後には、読字困難が診断されずに潜んでいる可能性もある。

4　**エコ・システム・アプローチ**　人間は誰でも一連の社会的な下位システムに属しており、その行動はその下位システム内の、あるいは下位システム間の相互作用の結果である、という考え方。

5　おそらく以上に挙げたことのいくつか、あるいはすべてが複雑に絡み合って、原因を形作っている。

ここで重要なのは、推測された原因／説明が介入の形式を決定してしまうことが多い点である。介入は場合によって、予防的な方法と矯正的な方法の二つに区別されることがある。この区別はタイミングの問題に関わりがある。いつ教師たちは、その行動を心配するようになるのだろうか。いつ介入するのか。問題が発生する前だろうか（予防的）、ちょうど問題が明るみに出た瞬間だろうか、あるいは危機の最中だろうか（矯正的）。そこで次のセクションでは、考えうる原因と推奨される介入について、さらに詳しく述べていくことにする。また、次に挙げる介入のいくつかは、予防的にも矯正的にも使えることも、重要な点として付け加えておきたい。

推定される原因1――精神力動的な原因論

このアプローチでは、個人の問題（この場合はＥＢＤ）は、幼少期の経験、とりわけ子どもと養育者との関係に起因するという立場を取る。愛着理論では、子どもと両親、あるいは両親の代わりとなる養育者との間の相互作用に焦点を当てる。幼児は、接近を求める愛着行動を、注目されたいという情動的な要求の形で表現する。幼児はこの注目への欲求を満たすために、叫ぶ、かんしゃくを起こす、あるいは過度に引きこもる、といった行動を取る。放任しすぎず過保護でもない、適切な育児を行うことによって、子どもは安全と幸福の感覚を持つことができるようになる。確固とした幸福の感覚に支えられて初めて、子どもは自信を持って自分の身の回りの環境を探索できるようになり、社会により適合的な形式のコミュニケーション方法を獲得するようになる。このような枠組みに基づいてＥＢＤの子どもを考察すると、彼らは発達の初期段階に困難を抱えており、そのため欲求が最後に満たされた時点に固着あるいは退行している、と見られる（Tyrer and Steinberg, 1993）。それゆえ、子どもは成長後も発達の初期の段階で見られる行動を取り、その頃の感情を経験し続ける。そして当然ながら、同年代の子どもの発達的に適切な行動と比較すると、ＥＢＤの子どもの行動は不適切であるとみなされるのである（Cooper and Lovey, 1999）。

精神力動的な介入——養育グループ

ＥＢＤの子どもを目の前にした教師には、いくつもの選択肢がある。難しい子どもの扱いに苦しんで、教師はそれを自分自身あるいは教育の専門家としての失敗であると受け止め、子どもや自分自身に非があると思い込んでしまうことがある。教師にとって必要なのは、その子どもにはどんな理由があるにせよ、コミュニケーションに必須のスキルがたりないのだという気づきである。それゆえ、「大人は彼らのレベルに応じた対応をしなくてはならない。そして、構造、そのレベルに見合った統制、そして子どもを発達させる教育と情緒的受容と励ましを与えなくてはならない」（Bennathan, 1997, p.24）。

この介入は精神力動的な考え方に基づいているが、子どものレベルに合わせること、そして構造を与えるべきだということを強調している点では、ヴィゴツキーの「発達の最近接領域」と「足場かけ」の概念を思い起こさせる。

この分野でのアプローチの一つに、**養育グループ**（nurture groups）がある。養育グループを初めて試みたのは、１９７０年代のＩＬＥＡ（ロンドン市教育当局）で、創始者は教育心理学者のマージョリー・ボックソールである。養育グループの理論的根拠となっているのは、ボウルビィの愛着理論である（Bowlby, 1965）。ボウルビィは、愛着という心の絆を形成することが後々の情動面での健康に重要であると主張した。養育グループは幼児向けの介入としてデザインされている。対象年齢は4～5歳、教育システムに入ってきたばかりの子どもたちに向けて行われる。子どもたちはまず通常学級で出席を取り、それからグループルームに誘導される。養育グループで使用する部屋には机が置かれているので、いくらか教室にも似ているが、家庭的な雰囲気を出すようにソファ、クッション、窓にはカーテンが備え付けられており、別室にはキッチンと食事のできる場所もある。グループの人数は一度に10人から12人で、グループ内のほぼ全員が一年後に通常学級に戻れることが目標である。

ベナサン（Bennathan, 1997）によると、養育グループとは、もしこの介入がなされなければ、通常学級から締め出されて特殊教育を受けざるをえない子どものためのものである。

養育グループが目指すのは、親しみやすい空間づくりである。そこには多くの構造や決まりごと、反復が組み込まれている。ルールは明確で、それを守る練習を繰り返し行う。教師は子どもとの一対一の関係を通して、子どもが「大切にされている、愛情を注がれている」と感じられるようなコミュニケーションを取りたいと願っている。一日に何度か、グループ全体あるいは小グループに分かれて集まる機会を作り、そこで子どもは学校の勉強に関することだけではなく、自分たちの行動についても、考えを分かち合うように促される。自分の行動の意味と行動が招く結果を理解すること、選択権は自分にあるのだと気づくこと、そして自分の内面の統制を高めていくことなどが、こうした話し合いを通して子どもに期待されている（Cooper and Lovey, 1999）。

養育グループの評価

大切にされたい、愛情を感じていたい、という子どもの欲求が、この治療教育の中核にあるようだ。ある意味では、教師は子どもとの関係を創出しようとしている。そして子どもは自分を大切にしてくれる大人がいるとわかると、前へ向かって進み出すことができる。ところが、思いやりや受容をどう表現するか、あるいはどの程度表現するか、といったことは、客観的に測定できるわけではない。自分は生徒を尊重し大切に思う気持ちを伝えようとしている、と教師は言うかもしれないが、その教師の反応を見て生徒がどう感じるかは別の問題である。

クーパーとロヴィ（Cooper and Lovey, 1999）によると、養育グループの効果を評価する体系的な研究はほとんど行われていない。しかし、ロンドン・エンフィールド自治区が行った最近の研究（Iszatt and

Wasilewska, 1997）には、１９８０年代以降に養育グループに配置された３０８人の子どもの成長記録が残されている。それによると、86パーセントの子どもが養育グループで一年未満の期間を過ごした後、通常学級にうまく戻ることができた。そして、そのうちの83パーセントの子どもは、以後に特別な教育的ニーズのサポートを受けることがなかった。このデータの比較対象として、養育グループに入った子どもたちと状況が似ているものの、グループには参加しなかった20人の子どもたちのデータが示されている。その子どもたちの35パーセントは特殊学校に通うようになり、サポートを受けずに通常学級で問題なく過ごすことができた子どもは55パーセントだった。

以上、例として挙げた養育グループは幼児を対象としているが、精神力動的なセラピーはどのような年齢でも受けることができる。しかし、グリーンハル（Greenhalgh, 1994）が論じているように、これらの介入は中・長期的な取り組みを必要とするので、一般の学級担任が行うには不向きである。加えて、精神力動的なセラピーは資格をもった専門家が行う必要がある。

推定される原因２――生物学的・心理社会的な原因論

このアプローチは、破壊的行動はその人の生理学的あるいは生物学的な状態に起因するという立場を取る。症状の診断のためには特別な医療的介入が求められる。バークレー（Barkley, 1998）は、ＡＤＨＤの症状を、重要な脳の伝達経路がうまく発達していないのが原因で自己コントロールに失敗している状態であると論じている。さらにバークレー（1998）は、その発達の阻害は遺伝子の変異によるものだと推察した。ラ・ホステら（La Hoste *et al.*, 1996）は、ＡＤＨＤの子どもではドーパミンＤ４受容体遺伝子の変異体が優勢であることを見いだした。また、脳の画像イメージング装置の開発が進み、ある特定の領域がこの症状に関わっていると指摘されている。

ＡＤＨＤの診断基準を見ると、教室内での破壊的行動と解釈できる基準が数多くある。ＡＤＨＤの生徒に関して、教育専門家はその主症状である破壊的・衝動的な行動だけではなく、正しい診断を受けていなかった場合に生じる否定的な二次効果についても気を配らなくてはならない。注意を維持することも衝動を統制することもできない子どもなら、当然学校の勉強で成功するのは難しいと感じるだろう。学業成績が不振ならば、子ども自身の自尊心は低く、周囲からは迷惑な怠け者だとラベリングされる可能性が高い。おそらくそれが一層激しい破壊的行動を招くことにもなるだろう。また、衝動の統制が利かないということは、反社会的な行動に関与するという誤った選択をするリスクが高まることにもなるだろう。

生物学的・心理社会的な介入

ＡＤＨＤの治療的介入はしばしば精神刺激薬の投与という形を取り、最も広く処方されているのがリタリンである。精神刺激薬によって、70パーセントから90パーセントのＡＤＨＤの子どもの行動が改善されたという報告がある。改善例を見ると、子どもの衝動性が低下し、注意散漫な傾向が少なくなり、落ち着きが増したという。間違いなく子どもたちは、教室での環境において破壊的な行動を軽減したといえるだろう。さらに精神刺激薬の服用によって、子どもが頭の中に留めておける情報量が増え、学業面での生産性が増し、自己統制能力が向上したとの報告もある（Barkley, 1998）。

リタリンの評価

しかしながら、精神刺激薬の使用には批判の声も挙がっている。ＡＤＨＤの診断は議論の分かれるテーマである。確かにＡＤＨＤの症状として現れる行動は、他にも原因に説明を求めることが可能である。複雑な家庭環境や情緒的な問題が原因で、注意散漫、多動、衝動的な行動などの問題が起こりうる。ＡＤＨＤの診断は非常に難しく、万が一間違った診断がなされると、実際には必要のない精神刺激薬が子どもに処方されてしまう、というのが批判側の言い分である。

リタリンの効果を肯定する人も、その使用に関しては経過観察が必要であると警告を発している。リタリンは短時間作用型の薬なので、薬物が血液中で急激に蓄積されることはない。ゆえに、一日あたり複数回の投与が必要になる。リタリンは服用後20分から40分後に効果を示し始め、最大効果が現れるのが１時間半後である。そして約４時間後には効果が消えていく。それぞれの子どもに合ったタイミングと投薬量を決定し、定期的に見直すことが必要である。もし子どもが落ち着きすぎているようならば、投薬量が多すぎる。子どもによってはリバウンドによる多動が現れる。これは薬が切れるに従って子どもが次第に多動になる現象であり、実際には薬物を服用し始める前よりも多動になってしまう。稀な例ではあるが、リタリンの長期的な副作用として、次第に妄想症状が現れる場合もある。これはリタリン服用者の約２パーセントに発生し、症状が出始めるのは青年期に入ってからである。

リタリンの批判者は、リタリンが心理的な依存状態を生み出してしまうことを指摘し、さらに、自分の行動を統制するために薬を飲む必要がある事実を、服用者がどう理解するかという問題も提起している。ウェイレンとヘンカー（Whalen and Henker, 1991）は、服用者が薬物の使用により、自分の能力や統制を維持するためには常に薬物の助けを借りていなくてはならないと思いこむ可能性を指摘している。そしてそれが、自分自身を操り人形のように感じてしまうという否定的な効果となって現れる。それでも、依然として薬物による治療は非常に利点があるという意見もある。なぜなら薬の服用によって、新しいチャンスが得られるからである。学業面で進歩を果たし、衝動的な反応を統制し、ゆえに間違った選択をしてしまうリスクを減らすことができるのだ。

要するに、リタリン使用を非常に熱心に支持する人でも、投薬が充分な解決とはならないことを認めており、総合的なアプローチを採るように薦めている。（第９章のＡＤＨＤ児の教室に関する記述を参照。）

推定される原因3——行動主義的な原因論

この見方は、挑戦的な行動を悪循環の結果であると考える。例を挙げてみよう。

・子どもが問題行動を起こす。たとえば教室で他の子どもを叩く。
・大人は懲罰的な行動でそれに応答する。たとえば「お前は役立たずの悪がきだ」とののしり、教室から追い出す。

・子どもは注目を集め、報酬を得たと感じる。どんな種類であれ、注目を集めることは無視されるよりもましなのである。
・子どもは悪役になる。
・そしてさらに問題行動を起こす。

この悪循環は、子どもが良い行動をしているときに頻繁に注目する方法で断ち切る必要がある。

行動主義的な介入とその評価

教師が生徒の行動改善のために最も好んで用いる方略は、生徒が望ましい行動をしているときに肯定的な注意を払うことである（Daniels *et al.*, 1999）。すなわち「良いときを見つけて褒める」のである。これは行動修正に関するスキナーの考え、特に強化に主眼を置く考え方の焼き直しとも言える。報酬の利用に関しては、その報酬が本当に報酬として受け止められるように、生徒に合わせて決める必要があることが分かっている。報酬は、お店やバーガーショップのクーポン券のような形を取るかもしれない。報酬は獲得するべきものである。そして双方が同意した明確な目標と関係のあるものでなくてはならない。また報酬のシステムは公平でなくてはならない（Daniels *et al.*, 1999）。

教師なら絶対に聞きたくない生徒からのコメントに、次のようなものがある。

「8年生の頃のことは忘れられません。私はとても頑張って勉強していました。宿題はいつも期限を守って提出していました。クラスの2人の生徒がいつもえこひいきされていました。出席するだけ、あるいは授業中に一回しか悪態をつかなかっただけで、よくやったと褒められているようなものでした。もし他の生徒が悪態をついたら、居残りになっていたのに。ぜんぜん公平ではありません。」

このような例には非常に難しいテーマが含まれており、ここでの論点は、個人のニーズと全員に対して公平であろうとするニーズとの葛藤である（Daniels *et al.*, 1999）。時にはＥＢＤの生徒が行った些細な悪事を、教師が意図的に見逃す場合がある。しかし、その際にはクラスメイトに対してこの指導方略の意味を知らせておいたほうがよいだろう。そのような議論を交わすことで、クラスの生徒はＥＢＤ（情緒的・行動的困難）の生徒に理解を示し寛容になることが、調査の結果から明らかになっている（Daniels *et al.* 1999）。

行動主義的な手法は、破壊的行動に対する効果的な対処法の一つではあるが、それをどう応用するかにあたってはよく考える必要がある。介入の際には注意深くモニタリングするべきである。また、生徒との対話を主眼に置くヒューマニスティックな、あるいは精神力動的な介入と並行して行うことが提案されている（Daniels *et al.*, 1999）。つまり重要なのは、行動主義的な介入は、すべての生徒にいつでも効果があるわけではないという点である。他のアプローチと併せて行う必要がある。

エコ・システム・アプローチ

エコ・システム・アプローチとは、子どもを含むすべての人間は一連の社会的な下位システムに所属しており、その行動は下位システム内あるいは下位システム間の相互作用の結果であるとみなす考え方である。

確かに、ＥＢＤに対処する最初のステップは「破壊的行動は学校で生じる問題」（MacGuiness and Craggs, 1986）であると気づくことだと言われている。また、生徒の過去の行動に対する教師や学校諸機関の硬直した認識が、破壊的行動の問題解決を阻んでいるともいわれている（Molnar and Lindquist, 1989）。ここで必要なのは、下位システム間の不一致を認め、枠組を再構築すること、それによって非難を止め、葛藤を避けることである。たとえば生徒が教師に暴言を吐いた場合、教師は問題の枠組を再構築する必要がある。これは生徒の暴言をなかったことにするという意味ではなく、教師の認識の上で、この状況の枠組を再構築するのである。教師は、その場の出来事を生徒が悪いせいだと決めつけたり、自分自身を教師として無能だと責めたりするような短絡的な考えを乗り越えなくてはならない。生徒の行動は、学校のシステムがその特定の生徒に対応できなかったか、この生徒が学校システムに対応できなかったと解釈されるべきなのである。それゆえに、注目すべきは、「学校というシステム」と「個人のニーズ」との間の相互作用なのである。

破壊的行動――解決に向けて

本章では幾度となくダニエルズら（Daniels *et al.*, 1999）の研究報告『通常学校における情緒的・行動的困難』に言及してきた。この報告書の目的は、通常学校がＥＢＤの生徒への診断と支援をいかに効果的に実践してきたかを確認することであった。ＥＢＤの生徒に対して優れた実践を行っていると認められる学校を訪問し、そのうち10校を特に詳しく調査している。まとめると、ＥＢＤの子どものニーズに対応するには、以下の特徴が成功の鍵であることが明らかになった。

・優れた教育実践。ここで取り上げられている要因は、学習スタイルに合った教授法、生徒への高い期待、動機づけ、細やかな支援などである。
・生徒にとって取り組みやすい適切なカリキュラム。
・効果的な行動指針。行動の指針は文書化し、理解を浸透させる。さらにその指針を守ることを強調する。
・教職員が行動を通して学んでいる。教職員は、懸案事項について議論すること、アイディアを共有すること、失敗について熟考すること、以前の状況から学ぶこと、そして効果的な実践を組み立てることを奨励される。
・情緒的・行動的困難の特徴を熟知した教職員が中心となって活動する。

まとめ

破壊的行動あるいは情緒的・行動的困難は現在関心を集めている分野であり、研究が進められている。分かりやすく実践的な定義と、効果的な診断方法が必要である。破壊的行動には多くのタイプがあることが分かってきた。本章では、影響、原因／説明と介入方略との関係を検討した。たとえ二人の生徒が同じ破壊的行動を示していても、何が背景となってその破壊的行動が生じているかの定義によって、それらの行動には異なる解釈が与えられるだろう。同じく、二人の生徒がいて同じ行動を示していても、二人は異なる理由からその行動を取っている場合もある。その行動の原因、あるいは説明が、介入を決定づけることも多い。しかし、どのような破壊的行動でも多種多様な原因の可能性を含んでおり、適切な介入を行うためには複数のアプローチを活用することになるだろう。

読書案内

Daniels, H., Visser, J., Cole, T. and Reybekill, N. de（1999）*Emotional and Behavioural Difficulties in Mainstream Schools, School of Education*, University of Birmingham, DfEE, RR90. 長文の、包括的な内容の報告書だが、一読する価値がある。

Emotional and Behavioural Difficulties などの雑誌も価値のある情報を提供してくれる。

第9章 教育環境のデザインとレイアウト

◆はじめに

まず、記憶の中にある教室や学校のさまざまなイメージを思い起こすことから始めてみよう。たとえば、はじめて学校に行った最初の日々のことは、何を覚えているだろうか。もちろん他の生徒のこと、そして多分教師のことを思い出すだろう。しかし、教室や学校そのものについてはどうだろうか。建物の大きさに圧倒されただろうか。廊下で迷子になっただろうか。自分の机はあっただろうか。生徒の数が多すぎて、取り囲まれたような気分を味わっただろうか。ある環境が効果的な学習を促進していたと感じることはあっただろうか。ひょっとすると、学習を促進する環境というのが良く分からないかもしれない。例を挙げてみよう。大学である講義を取ろうとしている場面を想像してほしい。古代バビロニアの文化についての、有名教授の講義である。講義の日程は毎週火曜日、昼休み直後の時間帯である。部屋は小さくて暑苦しく、窓はない。そこで電気を消して、教授が最近訪ねたバグダッドの美術館のスライドを延々と見続けるというのが講義の内容である。このような条件の下でどれほどの学習が成立しているか、疑問に思うだろう。本章では、環境の多様な側面と、それが遂行成績や感情に与える影響について扱っていく。同時に、学習により適した環境づくりの方法も検討する。

◆── 環境心理学

単純化していうと、環境心理学とは行動とその行動が発生する環境との間の関係性について研究する学問である。ここで取り上げる環境とは、物理的な環境——たとえば、騒音、光、混み具合、温度——と、建築家が職場をデザインするやり方を意味する。この分野での初期の研究では、統制された実験室内で人間が環境刺激にいかに反応するか——たとえば、光や騒音は人間にどのような影響を与えるか——を研究するものが多かった。しかし、このような研究を実生活における環境に一般化するのには無理がある。

そこでその後の研究では、環境のコンテクストに注目するようになった。環境決定論は、行動への環境の影響を強調しているが、その二つの相互関係には目を向けていなかった。最も極端な例を挙げると、「建築決定論」と呼ばれる理論では、人間はどのような空間アレンジに対しても適応可能であり、所与の環境における行動は、その環境がもつ特性に完全に依存していると考える（Corsini and Auerbach, 1996, p.303）。しかし、これが誤りであることは常識から考えても明らかだろう。確かに、ある種の環境状況は人間の行動を制約する。エレベータの中でできることは限られている。一方、ある種の環境状況は、人間に選択肢を与えている。スーパーマーケットでは、どの通路をどの順番で歩くかを選ぶことができる。環境がすべてを決定するわけではない。なぜならわれわれは、ある環境において社会的に適切とされる行動を学習するからである。パーソナリティもこの議論において重要な要因となる。同じ環境に対して、それぞれの人間が全く異なる反応をするかもしれない。環境に働きかけて、それを変えようと努力奮闘する人もいるだろう。今日の大多数の理論家は、行動と環境との関係を複雑なものと考えている。

◆学習環境の物理的特徴

学校は、教室や小グループのための個室など、バラエティに富んだ教育的な場を生徒に提供すべきであると指摘されている。体育、音楽、演劇のための機会とスペースも必要である（DfE, 1992）。モイルズ（Moyles, 1992, p.6）は、学習環境における物理的特徴の要点をリストにしている（表9－1を参照）。

表 9-1　学習環境の物理的特徴

教室	学習資源	外部のエリア
・物理的な空間（教室はどの程度の大きさか？） ・スペースの利用法と，それによって動作がいかに影響されるか（席の配置，小グループ vs. 列） ・備品／家具（例：テーブル，机，いす，棚，遊具など） ・音（音響効果） ・照明 ・温度 ・視覚効果（装飾やディスプレイによって生み出される効果など） ・安全面からの制約	・他の構成員（例：クラスルーム・アシスタント） ・教材やディスプレイの提示の仕方 ・学習資源や教材へのアクセスの容易さ	・廊下 ・図書館 ・リソース・センター ・外部の環境（周囲の自然環境，運動場）

教師が目指すのは、効果的な学習が行われるよう環境を構成することである。教室の全体的な様子は、生徒の学習に注がれるケアの質を示唆する（Kyriacou, 1991）。教室の配置は、生徒がより迅速かつ効果的に学習でき、さらに生徒が楽しめる学習を促進するものでなくてはならない（Bull and Solity, 1987）。

そこで次の節では、学習環境の特徴と、環境が遂行成績や感情に与える影響を検討していく。

物理的なエリアの利用——座席の配置

表9-2では、よくある4つの座席配置パターンを挙げ、それぞれの長所と短所を記述した。次は、席の配置の仕方には優劣があるのか、という問題を検討しよう。

ゲッツェルス（Getzels, 1974）によると、アクティビティ・ゾーンのある教室では、席を列に並べた教室よりも活発な活動が見られるという。しかし、ゲッツェルス（1974）は特定の席の配置を称揚しているわけではない。なぜなら座席の配置は、生徒の個別の学習ニーズ、教えようとする科目の内容、利用しようとしている指導方略を反映させる必要があるからだ。アクティビティ・ゾーンは、とりわけ小学校の児童にとって重要な意味を持っている。ウィルキンソン（Wilkinson, 1988）によると、学習コーナーあるいはアクティビティ・ゾーンは部屋の四隅を最大限に利用できるので、中央での自由な動きが可能になるという。ナッシュ（Nash, 1981）とフィールド（Field, 1988）は、活動の複雑さ、活動への関与、そして課題に対する集中力は、教室をいくつかの学習コーナー／アクティビティ・ゾーンに区切って利用したときに増加すると述べている。一方で、モイルズ（Moyles, 1992）は、一斉教授と学習コーナーのバランスを取ることが必要であるという。学習コーナーは、どんなときでも生徒が教師に注意を向けられるように仕切る必

表 9-2　座席の配置：長所と短所

座席の配置	長所	短所
机を列に並べる	・非生産的なおしゃべりを防ぐ ・生徒が要求されている課題に集中しやすくなる ・クラス全体に指導する際に適している。例えば，講義や個人の作業など。	・この配置ではグループワークやディスカッションが難しい ・黒板までの距離が不平等である ・後方の席の生徒には不利をもたらす可能性がある
半円形に並べる	・教師は生徒全員を見渡せる ・生徒は，他の生徒，教師，黒板が見える ・教室でのディスカッション，グループワークの他，講義にも適している	・このアプローチでは教室の統制が一層困難になると懸念する意見がある ・授業中の雑音（おしゃべり）の問題を指摘する意見がある
4,5人のグループで机を１つにまとめる	・グループワークに適している ・学習資源や教材を共有しやすい	・黒板が良く見えない生徒がいる ・授業中の雑音が懸念される
アクティビティ・ゾーン／ラーニング・ベイ―教室内に，科目ごとの定位置を設ける ［例］歴史，数学，理科，読書など	・活動を中心としたグループワークに適している	・個人の机がない ・授業中の雑音が懸念される ・クラス全体の指導が困難

要がある。カリンフォード（Cullingford, 1991）によれば、生徒は教室に自分だけの特定の場所、自分の机、自分の視野を持ちたがるという。自分だけのスペースがあれば、所有感を味わえる。

机をグループごとに配置すると、生徒はグループ・ワークに参加しやすくなるが、それでは、このような席の配置で生徒が実際に行う活動とはどのようなものだろうか。

ガヴィナス（Gavienas, 1999）は、小学校の教師がグループ・ティーチングでどのように教室をアレンジするか、その背後にある理由に関する調査を行った。この調査は、総学級数11の学校で行った小規模なものである。観察の対象となった教師たちは、グループ・ティーチング・メソッドを利用していた。このメソッドでは、まず生徒を小グループにまとめて席に着かせる。そして教師がそのグループの周囲を歩き回れるようにする。教師が一つのグループに直接指導をしている間、他のグループの生徒はそれに関連する課題を与えられる。調査の間に出題された72の課題のうち、53の課題は筆記だった。また72のうち66の課題が個人で行うための課題だった。生徒はグループになってはいるものの、お互いに話はせずに手元にある課題を次々に進めていくように言われていた。事後インタビューに答えた教師たちは、この席の配置は何らかの教育理論に従ったものではなく、実用性を考えてのことだとコメントしている。確かに、生徒がグループごとに着席していると教材を準備しやすい。またグループごとの机あるいはテーブルの表面が一続きに平らになるので、生徒が教材を共有しやすくなるというメリットがある。この結果は、ガルトンとウィリアムソン（Galton and Williamson, 1992）による研究で明らかになった事実、すなわち、授業時間のうち50パーセントは生徒が能力別グループで着席しているにもかかわらず、グループで活動している時間は

5パーセントにすぎなかったという結果を裏付けるものとなっている。ガヴィナスは以下のように結論している。

> 子どもを社会的グループごとに着席させながら個別に課題を与える実践は、逆効果になるだろう。もしもわれわれが社会的グループごとに座らせることにこだわり、しかも子ども同士が話をしないようにするなら、その場に新たな緊張を生み出していることになる。
>
> （Gavienas, 1999, p.2）

学習リソース（資源）

ナッシュ（Nash, 1981）によると、もし教材が論理的に組み立てられて準備され、しかも生徒の手に届きやすいところにあるならば、生徒はより効率的に利用できる。教師は生徒に対して教材が用意されているシステムを説明し、その利用を促す必要がある。教師の励ましをうけて、生徒は所有の感覚を持つことができるようになる。すると、教室と学習リソースは学習環境の一部であることが生徒に伝わり、生徒はそれによって、もっといろいろなことができると感じる（Moyles, 1992）。

音／音響効果

調査の対象となった担任教師の54パーセント、体育教師の77パーセントが、たいていの場合騒音によってコミュニケーションに問題が生じていると回答している（Edwards, 1997）。音に関して言えば、教室での教師の声の平均的な声量は65～70デシベルである。また、ごく普通の教室での背景音のレベルは55デシベルから75デシベルにわたる。したがって、教師の声量が周囲の騒音にようやく匹敵する程度しかない場合もよくある。そうだとすると、自分の声を聞き取ってもらうのが難しいと教師たちが不平をもらすのも、当然のことである。エドワーズ（Edwards, 1997）によると、背景音が65～70デシベルになると、多くの子どもたちが教室での発話を理解するのが困難になるという。例を挙げてみると、

・聴覚に問題はない幼児
・英語のネイティブスピーカーではない子ども
・構音に問題を抱えている子ども
・言語学習障害あるいは聴覚困難（場合によっては両方）を抱えている人
・ごく軽い難聴や反復性の耳の感染症を患っている人

マックスウェルとエヴァンズ（Maxwell and Evans, 2000）は、騒音が幼児に与える影響についてまとめているが、先行研究では動機づけの影響と認知面の影響が中心課題となってきたと述べている。その中には記憶、注意力、学業達成などに関する研究が含まれている。学業達成に関連して、エヴァンズとマックスウェル（1997）は、慢性的な騒音に曝されている状態と読解力に関連があることを見いだした。二つの学

校の子どもの読解力を比較しているが、一方の「騒音の激しい学校」は空港の近くに位置し、学校の上を約6分間隔で飛行機が行き来している。教室内の騒音を測定すると90デシベル台だった。両者の学校の生徒は静かな条件のもとで読解技能のテストを受けた。「騒音の激しい学校」出身の子どもたちの読解技能は、「より静かな学校」の子どもたちを下回っていた。エヴァンズとマックスウェル（1997）は、言語技能は読みの技能と深く関わっており、騒音はこの両方に影響を及ぼすと推察している。おそらく過剰な騒音は、一般的な騒音と有意味の聴覚情報とを判別する能力に支障を及ぼすのではないかと考えられる。このような理由から、騒音に曝されている幼児は、話し言葉の獲得と理解が困難になり、さらに学業成績にも影響が出るだろう。さらに調査を進めて、マックスウェルとエヴァンズ（2000）はデイケア・センターに参加している4歳児の前読み書き技能について調べた。対象となったデイケア・センターは非常に騒音が激しい（ピーク時で96・8〜99・1デシベル、平均すると75・8〜77・1デシベル）。センターの経営管理者はこの問題を重く受け止め、状況を是正するために防音パネルを取り付ける作業に取り掛かった。この改善策が功を奏して、デイケア・センターの騒音は低下した（ピーク時で87・2〜95・2デシベル、平均すると69・4〜73・9デシベル）。子どもたちは全員、改善の前後に静かな条件のもとで前読み書き技能を測定された。改善後、子どもたちは以前を上回るスコアを獲得した。

　子どもたちは担任教師から言語スキルが向上したと評定された（たとえば、他の子どもが良く分かるようにしゃべれるようになった、単語だけではなく文を使って話すようになった）。そして認知言

語スキルの測定でも成績が向上した。（Maxwell and Evans 2000, p.3）

照　明

良質の照明は教育に効果的である。ネイル（Neill, 1991）によると、教師は話をしているときに暗がりの中にいてはいけないという。なぜなら、幼児は顔の表情とボディ・ランゲージを手がかりにしながら言語の意味を理解しているからである。ある程度の残存視覚のある視覚障害の生徒にとっても、良質の照明は非常に重要である。そういった生徒にとって、視覚環境は学習の助けとも妨害ともなりうるのである。何か視覚環境に問題がないかどうか、たとえば光が壁や物の表面に反射してギラギラしていないかどうかを検査することも推奨されている。視覚環境の質を向上させるには、コントラストと明瞭性が鍵となる。たとえば、もし視覚障害の生徒がドアの取っ手とドアを識別できれば、人の助けを借りずに部屋に出入りできる。そうすれば一層自立が促されるのである（Ackerly and Lomas, 1998）。

学級規模

学級規模に関する論考は数多い。ある研究によると（Nfer Press Release, 1998）、大規模学級（生徒数30人以上）では教師の気力が低下してしまい、生徒が受け取る教育の質に悪影響を及ぼすという。校長に調査した結果でも、同様の回答が寄せられた。それによると、優秀な教師は大規模学級を教えることができ

表 9-3　教師から見た学級規模の長所と短所

大規模学級	小規模学級
・生徒1人当たりに注意が向きにくい。	・生徒1人当たりにより注意が向きやすい。
・授業と学習活動の幅が制限される。	・より多様な学習と教授スタイルが可能になる。
・一斉教授が，生徒を統制し，課題に取り組ませるために使われることがある。	・一斉教授は，活動に必要なときにのみ行われる。
・グループ学習の実行が不可能。グループ数が多すぎるか，グループの人数が多くなりすぎるからである。	・グループ学習が実行しやすく，しかも効果的である。
・個人の評価とフィードバックに割ける機会が限られている。	・個人の評価とフィードバックに時間をかけられる。
・実技活動をしようとすると，制限がある。	・教師の仕事量が過剰ではないので，生徒の個別な教育的ニーズに応えるために力を注げる。

るが、教師の動機づけ、自尊心、気力が低下してしまい、教師自身の幸福を犠牲にした上で成り立っているという。教師たちの報告では、大規模な学級では結果的に生徒の活動の対応に時間が取られ、一人ひとりの子どもと接する時間が短くなるという。その状態でなんとかナショナル・カリキュラムの内容をすべて教え、結果を評価しているが、それが達成できても十分な満足感を感じられることは滅多にない。教師たちは、込み合った教室は生徒の行動と学習に悪影響を及ぼすと感じている。

ジョンソンとジャミソン（Johnson and Jamison, 1998）によれば、政府の学校視察団による報告で、学級の規模を小さくした方が子どもにとってメリットがあることが指摘されている。その効果が最も良く現れるのは、キー・ステージ1（5歳から7歳）の子どもたちであるという。しかし、確かに少人数学級のメリットは認められるものの、学級規模よりも実際に行われている教育の質の方が、効果的な学習について考える際には重要な要素である。

◆——より良い学習環境づくりをめざして

本章の冒頭で述べたように、教育環境をいかにデザインするかという問いの答えは、誰を教えているか、何を教えているか、どのように教えているかによって異なる。次のセクションでは、環境と行動との相関関係についての研究の応用例を見ていこう。特定の環境が、特定の生徒集団の学習を促進する例である。

ADHD児のための教室

デトワイラーら（Detweiler *et al.*, 1995）は、彼らが「ADHD学級」と名づけた、ADHDの子どものために特別な工夫をした学級について報告している。「理想的なADHD学級は、一貫性と柔軟性という一見矛盾する属性を兼ね備えている。一貫した、予期しやすい状況を設定することで、しっかりと構造化がなされ、集中しやすい環境となる。また一人ひとりの生徒の学習スタイルに対応するためには柔軟性が必要である」（Detweiler *et al.*, 1995, p.5）。このような学級は、次のような特徴を備えている。

・生徒数は10人以下の少人数学級で、教師とサポート・アシスタントが一人ずつ配置される。
・四方を壁で区切り、他の教室につながるオープン・スペースは設けない。
・教師を交代させない。教科を教える順序は毎回同じにする。
・防音設備のある部屋にする。気を散らすものを少なくする。
・毎日の個人プログラムと週ごとのスケジュールを、すぐに見えるように各自の机に貼っておく。
・一人ひとりの子どものために、個別に仕切られた場所（ブース）かオフィスを用意する。
・近くに休憩室を用意する。
・すべての学習ブースには送風機を設置する。外部の騒音を遮断するために使う。

これらのテクニックは、数千人のＡＤＨＤの子どもとの関わりをもとにして編み出された（Detweiler *et al.*, 1995）。おそらくこのような教室デザインが効果的であるのは、外部からの気を逸らす刺激を最少化し、生徒がその時に着手している課題に集中できるからである。

多感覚応用ルーム

多感覚応用ルーム（Multi-sensory room）は、視覚・聴覚・触覚・嗅覚などの幅広い刺激を経験できるようになっており、特に身体的・感覚的・学習上にわたる複合的なニーズを持つ生徒に適している（DfE, 1992）。この部屋は教育を目的とするだけではなく、リラクゼーション（くつろぎ）にも使用される。ホワイト・ルームと呼ばれる部屋は、深いリラクゼーションを得られるように、落ち着く照明と快適な音楽が用意されている。一方、ダーク・ルームは、残存視力が多少ある視覚障害の生徒向けの部屋である。暗い環境ではコントラストが最大となり、視覚刺激が調整できるので、その分だけ視覚刺激に反応しやすくなるのである（Gerald, 1998）。ダーク・ルームは音と光に関して最先端技術の装置を備えている場合も多い。重要なのは、この部屋の光と音の効果はスイッチでコントロールが可能で、生徒がそのスイッチの使い方を教わる点である。それによって複雑なニーズを持つ子どもでも、環境を自らコントロールできる感覚を味わうことができる。このような多感覚応用ルームの使用は、ナショナル・カリキュラムの評価に関連づけることもできる。たとえば、キー・ステージ1の学習プログラムには、「コントロールとモデリング：日常生活で使用する多くの装置には、コントロールが不可欠であると認められる」といった課題があり、それに対応している（Shaw, 1998）。

自閉症児にとっての環境調整

特別な教育的ニーズのある子どもに通常学校で統合教育を行うことが政府の基本方針となっているが（DfEE, 1997, *Excellence for All Children*）、その際には特定の生徒集団ごとに異なるニーズがあることを考慮に入れなくてはならない。自閉症児の中には健常の範囲内のＩＱをもつ子どももいるが、自閉症である以上、彼らには独特の「存り方」がある（Preston, 1998）。高機能自閉症の人が話題にする困難がある。それは感覚認知のゆがみである。コロラド州立大学の助教授をしているテンプル・グランディンは、自らを自閉症であると記している。彼女も感覚認知のゆがみについて記述しており、それが教室環境での学習の妨げになったという。「子どもの頃、学校のベルのような大きな音がすると耳が痛くなった。歯医者のドリルの音のように神経に触るのだ」(Grandin, 1998, p.2)。プレストン(Preston, 1998)によると、紙を破る音などを怖がる自閉児がいる一方、他の子どもが怖がりそうな大きな雷が落ちる音に対しても、聞こえていないか無視しているように見える自閉症児もいる。さらに、グランディン(Grandin, 1998)によると、視界にちらつくものや蛍光灯に敏感な自閉症者もいる。「彼らには60サイクルの蛍光灯の点滅が見える」(Grandin, 1998, p.2)。プレストン(1998)は、教師はこの感覚の敏感さを考慮する必要があると述べている。グランディン(1998)は、自らの経験に基づきいくつかの提案をしている。ベルを耐えられるようにするには、ティッシュをベルに詰め込んで少しでも消音をする。椅子を引くときのキキーっという音は苦痛を感じるものだが、これは切込みを入れたテニスボールを椅子の足に取り付けるか、カーペットを敷くことで静かになる。蛍光灯の電球は早めに交換すると良い。新しい電球ほど、ちらつきが少ないからである。

◆──まとめ

本章では、教育環境における数々の物理的な特徴について概観した。たとえば、空間の利用(生徒数はどうか、どの場所にどのように生徒を座らせるか)や、感覚に関わる問題(音と光)などを取り上げた。間違いなく、物理的な要素は遂行成績や感情に影響を与えている。この章で特に焦点を当てているのは、所有感といろいろなことができるという、エンパワーメントの概念である。そして、理想的な教育環境をデザインしようとするならば、誰を教えているか、何を教えているか、そしてどのような学習スタイルを用いたいか、といった点を考えることが不可欠である。

読書案内

Moyles, J.R.（1992）*Organizing for Learning in the Primary Classroom*, Buckingham: Open University Press. 非常に興味深く、また実践的な教師向けの本。

Leadbetter, J. *et al.*（1999）*Applying Psychology in the Classroom*, London: David Fulton. この本の「学習環境を理解する」という章が興味深い。

Gifford, R.（1987）*Environmental Psychology*, London: Allyn and Bacon.［R・ギフォード著、羽生和紀・槇究・村松陸雄 監訳『環境心理学——原理と実践』北大路書房、１９８７］この本には、「学習と物理的環境」という、総合的で非常に参考になる章がある。

付章　キー・スタディー

論文1　ソーシャル・ストーリーの効果

キャロル・ロウ（1999）「ソーシャル・ストーリーは、通常の小学校に通う自閉症児にとって有効だろうか」

（Carol Rowe 'Do social stories benefit children with autism in mainstream primary schools?', *British Journal of Special Education* 26（1）, 12-14.）

介入法に関するケース・スタディ

目的

著者の関心は、ある男子の昼食時の問題行動に対して、ソーシャル・ストーリーが効果的かどうかを調べることにある。

研究

ソーシャル・ストーリーを用いたアプローチでは、子どもが困難を感じる社会的状況に応じて、個別にデザインしたストーリーを与える。このアプローチは、アメリカのグレイ（Gray, 1994）によって開発された。それは次のような内容を含む。

・その状況がどのようであるか、それがなぜ起こっているのかに関する説明的な情報
・他者の応答や反応をまとめた見通し的な情報
・その子どもに望まれる、適切な反応をまとめた指示的な情報

このアプローチは自閉症スペクトラムの子どもに有効であると考えられている。ジョージはアスペルガー症候群であるという診断を受けた、通常学校に通っている第2学年の児童で、このケース・スタディの対象である。ジョージは社会的相互作用に困難を経験しており、特に昼食の時間がトラウマになっていた。以下の観察記録は、ジョージの典型的な行動を記したものである。

昼食の時間になると、ジョージはサポート・アシスタントと一緒にお弁当を取りに行く。その途中、彼はサポート・アシスタントに向かって、他の子どもと一緒に食べたくないと大声で不満を訴えた。どんなに彼を説得しようとしても無駄だった。ジョージはお弁当を受け取るのを拒絶し、他の子ども

は騒がしい上に口をあけて物を食べるからとても嫌だとわめいていた。ジョージのサポート・アシスタントは、彼を説得して他の子どもと一緒に昼食をとらせることができなかった。

ジョージには、ソーシャル・ストーリーが有効だろうと判断された。教師やすべての関係者、ジョージ本人にインタビューを行い、この問題に対する彼らの見方を探った。ソーシャル・ストーリーを活用するためには、そこに子どもの見方や感情を反映させることが最も重要である。ソーシャル・ストーリーは3ページのパンフレットの形で記述され、ジョージはそれを昼食の前に読むことになった。

昼食の時間

- 昼食前、僕はたいてい運動場にいる。
- 給食のおばさんが昼食の時間になったら知らせてくれる。
- 僕はお弁当を持って食堂まで歩いていく。
- 昼食を食べるために食堂に行くと、そこには大勢の人がいる。たいてい自分のクラス以外の人もいる。
- 上級生がどこに座ればよいか教えてくれる。
- 子どもたちは普段、食べながらおしゃべりをするのが好きだ。
- 食堂にはたくさんの子どもがいて、一斉に話をしている。
- もし子どもたちが騒がしくなりすぎたら、上級生が彼らに静かに話すよう注意をする。

・ときどき子どもは食べているときに口を閉じるのを忘れてしまう。
・食べているときに口を空けている子どもを見ても、僕は落ち着いて静かにするように努力する。
・僕は自分のお弁当を食べるように心がけ、他の子どもの食べ方を気にしないようにする。

（Rowe, 1999, p.13）

結果

このストーリーを初めて聞いたとき、ジョージはすぐに「これで何をすればいいかわかるようになった」と答えた。それから彼はサポート・アシスタントと共にお弁当を受け取りに行き、食堂に行って昼食を食べた。ジョージの行動は12週間にわたってモニターされた。いまや昼食はジョージにとって楽しみな時間となり、６週間後にはストーリーを読む頻度が減少した。12週間後、彼は「それを覚えた」ので、もうストーリーを読む必要がなくなった。そしてこのような適切な行動は、集会に出席するときのように新たな状況にも般化されたことが明らかになった。

ディスカッション

要約すると、作者はソーシャル・ストーリーを有効な介入方法だと考えている。しかし、この介入例は個別のケース・スタディなので、ソーシャル・ストーリーがすべての自閉症児にすべての状況でどの程度効果を発揮するかについては、さらに研究が必要である。

論文2　教師期待効果

ロバート・ローゼンタールとレノーア・ジェイコブソン（1966）「教師の期待――生徒のIQ上昇の決定因子」
(Robert Rosenthal and Lenore Jacobson 'Teachers' expectancies: determinants of pupils' IQ gains' *Psychological Reports* 19, 115-118.)

目的

この研究の目的は、教師の期待が生徒のＩＱテストの成績にどの程度の影響を与えるかを判断することである。

研究

ある小学校に通うすべての児童を対象に、非言語性の知能検査が行われた。その学校には6つの学年があり、各学年は3クラスから構成されていた。各クラスから平均して20パーセントの児童が実験群として選ばれた。その調査の際、教師には、実験群を構成する児童がテスト結果に基づいて特定されたと伝えられた。具体的には、「この知的能力の開花を測定するテストのスコアによって、これらの児童はこの年度内に大幅な知的向上を見せる可能性が示されている」と教師に告げた。ところが実際には、実験群の児童は無作為に選ばれていた。8ヵ月後、すべての児童に再びテストを行った。

付表-1 IQ平均値の増加

学年	実験群	統制群	差	確率
1	27	12	15	0.002
2	16.5	7	9.5	0.02
3	5	5	0	
4	5.6	2.2	3.4	
5	17.4	17.5	−0.1	
6	10.0	10.7	−0.7	
加重平均	12.22	8.4	3.8	0.02

結果

この調査の結果は、付表‐1に示してある。

ディスカッション

加重平均を見ると総体的な効果が確認できるが、主として学年が低い第1、2学年の児童に教師の期待が影響していることは明らかである。著者はこの結果にはいくつかの要因が関わっていると推察している。

・低年齢の児童にはまだ定まった評価がないので、その予測は教師にとって信憑性がある情報となりやすい。

・低年齢の児童は、教師の期待が高まるとその反応の影響を受けやすい。

・低年齢の児童と高年齢の児童は、年齢以外の特徴においても差が見られる可能性がある。

・低学年を担任する教師は高学年を担任する教師と様々な次元において異なっていると考えられるが、そのことが期待の上昇を効果的に伝えるうえでも関係している。

この調査が公にされた当初、とりわけ教育の分野において非常に大きなインパクトを伴って受け止められた。もしポジティヴな期待によって成績を向上させることが可能ならば、おそらくネガティヴな期待、たとえば背景、評判、以前のテストの成績などが成績を低下させる可能性もある。

しかし、この研究は方法論的な見地から批判を受けた。低年齢の児童を対象としたＩＱテストは標準化されていなかった。ローゼンタールとジェイコブソンの得た結果を再現する試みは、結果を肯定するもの、否定するものが混在している。その多くは失敗に終わっているが、一方では期待と達成度の関連性を支持する結果も出されている。現在では、教師の期待は生徒の自尊心に影響し、そのことが生徒の成績に作用すると考えられている。

訳者あとがき

「この本はとてもよく書かれている。ユーザーフレンドリーな本である。教育心理学の多くのテキストと違って、著者は背景となる心理学理論とその理論を教室で実際にどのように活用するのかという事例とのバランスをうまくとって書いている。」

（Cathy Rowe ロングロード第6大学教授）

本書は教育心理学への大学学部段階での入門期テキストとして書かれたものである。日本に紹介される教育心理学テキストは、アメリカで書かれたものが多い中、本著はイギリスにおいて心理学で長年豊かな教歴をもち、心理学カリキュラム単位認定資格試験（AQA）の試験官をしてきたスーザン・ベンサム（Suzan Bentham）の手による教育心理学のテキストである。英語での初版発行は２００２年である。近年日本でもクローズアップされている特別の教育的ニーズを必要とする子どもの問題や学力テストと教育評価、学習環境のあり方、ジェンダーや多文化の問題、授業妨害行動など、実際に教師志望の人や教師にも関心のあるトピックが簡潔に書き込まれたテキストである。この意味では、現実の授業実践に結び付けて、心理学のさまざまな視点をバランスよく示しているテキストである。教職課程等での授業でもさまざまに発展させて使うことができると同時に、独学においても理解しやすいテキストと言えるだろう。付録として簡単ではあるが用語集や重要論文の解説も掲載されている。

　私と本書との出会いは、新曜社の塩浦暲さんが心理学エレメンタルズの一冊として翻訳を考えているということで研究室に持参くださったことに始まる。そして共訳者として、有能な翻訳家のたまごである中島由恵さんとの二人三脚で発刊へと至った。翻訳に当たっては、基本的には原文に忠実に、こなれた日本語にすることに努めたが、一部カタカナ表記で英語を残した方がわかりやすいと思われる語についてはそのままカタカナ表記をしていたり、語の初出時に英語つづりを加えることを行っている。また原著には練習問題がついていたが、これは頁数の都合もあり訳出は行っていない。

　本著を正確に理解するためには、イギリスの現在の教育事情を背景知識として持っておくのがよいであろう。

　まずイギリスの教育制度は、次ページの図のようになっている。日本よりも就学年齢は1年早く始まり、5年間の中等教育までが義務教育である。したがって本文中に書かれている学年は日本よりも1歳年齢が小さいことになる。中等学校は日本の中学校・高校にあたり、11歳から16歳までである。日本より1年早く始まり、1年早く大学を終えることになる。

　学校の体系として、公立・公営学校とは独立に、伝統的なパブリックスクールを中心とする独立学校（私立学校）があり、全生徒の7％は独立学校に通っている。本書では主に公立・公営学校での授業の問

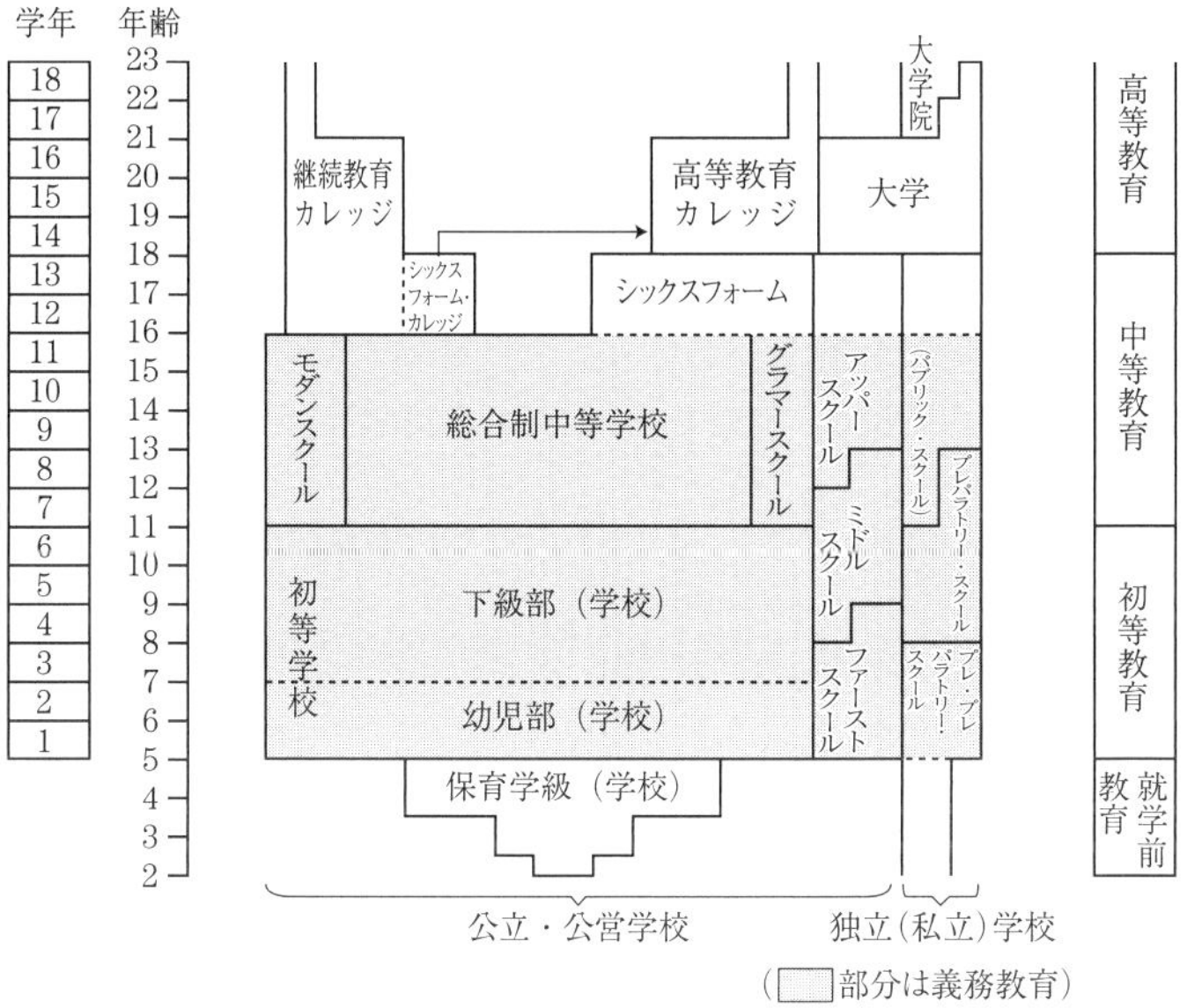

図　イギリスの学校系統図（文部科学省、2005『2004 諸外国の教育の動き』より）

題が述べられている。

そして進学に伴う試験制度である。1988年にサッチャー政権のもとで教育改革法が決定され、すべての公営学校は68ページにあるように、ナショナル・カリキュラムに基づくナショナルテスト（SATs）が実施され、カリキュラムへの到達度が評価されるようになった。キー・ステージ1（小2）から、キー・ステージ2（小6）、キー・ステージ3（セカンダリー3）、キー・ステージ4（GCSE　一般中等教育資格試験）および大学入学資格のための試験（Aレベル・テスト）までの国家的試験を、ほとんどの生徒がうける試験社会となっている。そして学校ごとの成績順位一覧を示したリーグ・テーブル（学校成績順位一覧表）が新聞等で報じられるようになってきている。これによって学校選択という学校間の競争がはげしくなってきているのである。本書の中で述べられている全国学力テストは、この試験を示しており、到達度評価にたつ成績評価が国家レベルで進められてきているのである。イギリスではこのテストの実施によって標準到達レベルに達した児童生徒の割合が増加してきているとしている。だが、一方で１９９０年代には停学や退学児童・生徒の割合も増加した点も見逃すことができない。

このような背景の中で、学校での破壊行動や授業妨害行動などの問題も生じており、それが本章のトピックの中に入っている点は留意したい。

グローバル化、ＩＴ化等にともなって国際市場化が進み、日本でもまたナショナルテストの実施が議論されてきている。このような共通の背景をもって本書全体を読まれるならば、多くの着想を得られるに違いない。本書はどの章から読むことも可能であるが、一冊を通して読むことによってこの著者のスタンスが見えてくるだろう。精神家医がいろいろな学派の理論を習ったとしても、実際の臨床の場でクライエントに向き合った時には、特定の理論だけにこだわりつづけるのではなく、さまざまな観点から説明し、よりよい治療を試みようとするのと同じように、この著者は教室での授業の改善にむけて、何ができるかを具体的に考えるためにさまざまな理論の活用を述べている。これは教室の場の複雑さ、子どもの学習の豊かさと困難をよく知っている著者であるからだということができる。

また同時に本著は心理学の理論を教育の場に応用、適用しようという立場から書かれているテキストである。教師自身が実践の場で生成する知識や理論、生徒が持ち込む知識の特色や教室で行っている学習過程は書き込まれていないし、教育実践の場に機能する理論そのものを解明したり研究者が教師と協働生成するというスタンスとは異なるものである。この意味では教育心理学という領域を明確にしながら、心理学理論やその研究知見がどこまで教室での実践を説明するのに有用かを示してくれる一冊であると位置づけることができるだろう。

一人でも多くの方に読まれ、本書が授業と教育心理学理論の橋渡しをする一冊となれば幸いである。本著発刊への協働のよきパートナーであった、共訳者の中島さんと丁寧な編集をしてくださった塩浦さんに心より感謝いたします。

平成18年4月

訳者を代表して
秋田喜代美

解説に使用した文献

佐貫浩　2002『イギリスの教育改革と日本』高文研

文部科学省　2005『2004　諸外国の教育の動き』文部科学省

清田夏代　2005『現代イギリスの教育行政改革』勁草書房

著者紹介

スーザン・ベンサム（Susan Bentham）
イギリスの心理学カリキュラム単位認定資格試験（AQA）試験官。本書の他，主な著書として，*A teaching assistant's guide to child development and psychology in the classroom*（Routledgefalmer, 2003），*A teaching assistant's guide to managing behaviour in the classroom*（Routledge, 2005），*Practical tips for teaching assistants*（Roger Hutchins と共著, Routledge, 2005）がある。

訳者紹介

秋田喜代美（あきた　きよみ）
大阪府生まれ。東京大学文学部，教育学部卒業。東京大学大学院教育学研究科博士課程修了。博士（教育学）。専門は，発達心理学，学校心理学。立教大学文学部助教授を経て，現在，東京大学大学院教育学研究科教授。日本学術会議第20期会員（心理学・教育学）。
主な著訳書に，『授業研究と談話分析』（放送大学教育振興会，2006），『子どもをはぐくむ授業づくり』（岩波書店，2000），全米学術研究会議『授業を変える：認知心理学の新たな挑戦』（共監訳，北大路書房，2002）などがある。

中島由恵（なかじま　よしえ）
千葉県生まれ。早稲田大学第一文学部卒業。東京大学大学院教育学研究科博士課程休学中。オールラウンドの翻訳家をめざしている。

新曜社

授業を支える心理学

初版第1刷発行　2006年6月10日©

著　者　スーザン・ベンサム
訳　者　秋田喜代美・中島由恵
発行者　堀江　洪
発行所　株式会社 新曜社
〒101-0051　東京都千代田区神田神保町2-10
電話(03)3264-4973・FAX(03)3239-2958
e-mail info@shin-yo-sha.co.jp
URL http://www.shin-yo-sha.co.jp/

印刷　銀　河　　Printed in Japan
製本　イマヰ製本所

ISBN4-7885-0999-7　C1011

人名索引

■タ行

■ナ行

■ハ行

■マ行

■ラ行

■ワ行

事項索引

（ゴシックは，用語解説にある項目）

■リ行

■タ行

文　　献

Aaron, P.G., Kuchta, S. and Grapenthin, C.T.（1988）Is there a thing called dyslexia? *Annals of Dyslexia*, 38, 33-49.

Ackerly, B. and Lomas, J.（1998）An environmental audit, in *Approaches to Working with Children with Multiple Disabilities and a Visual Impairment*, London: on behalf of Vital by RNIB.

Aggleton, P.（1987）*Rebels Without a Cause: Middle Class Youth and the Transition from School to Work*, Lewes: Falmer Press.

Ahonen, T., Luotoniemi, A., Nokelainen, K., Savelius, A. and Tasola, S.（1994）Multi-modal intervention in children with attention-deficit hyperactivity disorder, *European Journal of Special Needs Education*, 9（2）, 168-179.

Alloway, N. and Gilbert, P.（1997）Boys and literacy: lessons from Australia, *Gender and Education*, 9（1）, 49-58.

APA（1995）*Diagnostic and Statistical Manual of Mental Disorders*, 4th edn, Washington.［武市昌士・佐藤武訳, 1998『DSM-IV-PCプライマリ・ケアのための精神疾患の診断・統計マニュアル――ICD-10コード対応』医学書院, 原著1996年版の翻訳.］

――（1996）*A.P.A. Task Force Examines the Knowns and Unknowns of Intelligence*, Online, available HTTP:
http://www.apa.org/releases/intell.html（17 April 2000）.

Arnot, M., Gray, J., James, M. and Rudduck, J.（1998）*A Review of Recent Research on Gender and Educational Performance*, OFSTED Research Series, London: The Stationery Office.

Arnot, M., David, M. and Weiner, G.（1999）*Closing the Gender Gap: Postwar Education and Social Change*, Cambridge: Polity Press.

Ashman, A. and Conway, R.（1993）*Using Cognitive Methods in the Classroom*, London: Routledge.［渡部信一訳, 1994『PBIの理論と実践――

教室で役立つ実践プログラム』田研出版.]

Atkinson, R.L., Atkinson, R.C., Smith, E.E. and Bem, D.J. (1993) *Introduction to Psychology*, 11th edn, New York: Harcourt, Brace, Jovanovich.

Atkinson, S. (1999) Circle games, *Primary Maths and Science*, July/August, 17-21.

Bandura, A. (1986) *Social Foundations of Thought and Action: A Social Cognitive Theory*, Englewood Cliffs, NJ: Prentice-Hall.

Bannatyne, A.D. (1971) *Language, Reading and Learning Disabilities*, Springfield, Ill.: Thomas.

Barkley, R.A. (1998) Attention Deficit Hyperactivity Disorder, *Scientific American*, Sept., 44-49.

Bee, H. (1989) *The Developing Child*, 5th edn, New York: Harper-Collins.

—— (1997) *The Developing Child*, 8th edn, New York: Longman.

Bennathan, M. (1997) Effective intervention in primary schools: what nurture groups achieve, *Emotional and Behavioural Difficulties*, 2 (3), Winter, 23-29.

Bennett, S.I. (1990) *Comprehensive Multicultural Education, Theory and Practice*, Boston: Allyn & Bacon.

Bleach, K. and Smith, J. (1998) Switching off and dropping out? *Topic, Autumn*, Issue 20, 1-5.

Boaler, J. (1997) *Experiencing School Mathematics: Teaching Styles, Sex and Setting*, Milton Keynes: Open University Press.

Bondy, A.S. and Frost, L.A. (1994) The Picture Exchange Communication System, *Focus on Autistic Behavior*, 9 (3), August, 1-19.

Bowers, P. (1987) *The Effect of the 4MAT System on Achievement and Attitudes in Science*, ERIC NO: ED292660.

Bowlby, J. (1965) *Child Care and the Growth of Love*, 2nd edn, Harmondsworth: Penguin Books.

Brehm, S.S. and Kassin, S.M. (1990) *Social Psychology*, Boston: Houghton Mifflin.

Brehm, J.W. and Self, E.A. (1989) The intensity of motivation, *Annual Review of Psychology*, 40, 109-131.

Brooks, P. (1995) A comparison of the effectiveness of different teaching

strategies in teaching spelling to a student with severe specific learning difficulties/dyslexia, *Educational and Child Psychology*, 12(1), 80-88.

Brown, W.F. and Forristall, D.A.(1983) *Computer-Assisted Study Skills Improvement Program*, ERIC NO: ED234295.

Bruner, J.S.(1963) *The Process of Education*, Cambridge, Mass.: Harvard University Press. [鈴木祥蔵・佐藤三郎訳, 1985『教育の過程』岩波書店.]

——(1966) On the conservation of liquids. In J.S. Bruner, R.R. Oliver and P.M. Greenfield (eds) *Studies in Cognitive Growth*, New York: Wiley. [岡本夏木他訳, 1968-1969『認識能力の成長——認識研究センターの協同研究』明治図書出版, 上・下.]

Bryan, B., Dadzie, S. and Scafe, S.(1985) *The Heart of the Race*, London: Virago.

Bryant, P. and Bradley, L.(1985) *Children's Reading Problems*, Oxford: Blackwell.

Bull, S.L. and Solity, J.E.(1987) *Classroom Management: Principles to Practice*, London: Croom Helm.

Centre for the Study of Inclusive Education (1996) *Developing an Inclusive Policy for Your School: A CSIE Guide*, Bristol: CSIE.

Charlton, T. and David, K.(eds) (1993) *Managing Misbehaviour in Schools*, London: Routledge.

Chi, M.T.H. and Glaser, R.(1980) The measurement of expertise: analysis of the development of knowledge and skill as a basis for assessing achievement, in E.L. Baker and E.S. Quellmalz (eds) *Educational Testing and Evaluation: Design, Analysis and Policy*, Beverly Hills, Calif.: Sage.

Chisholm, L. and du Bois-Reymond, M.(1993) Youth transitions, gender and social change, *Sociology*, 27(2), 259-279.

Clarke, S.(1998) *Targeting Assessment in the Primary Classroom*, Abingdon: Hodder & Stoughton.

Cohen, D.(1990) *Essential Psychology*, London: Bloomsbury.

Coleman, J.S.(1961) *The Adolescent Society. The Social Life of the Teenager and its Impact on Education*, Glencoe, Ill.: Free Press.

Cooley, C.H.(1902) *Human Nature and the Social Order*, New York: Scribner. [納武津訳, 1921『社會と我——人間性と社會秩序』日本評論

社.]

Cooper, H. and Good, T.(1983) *Pygmalion Grows Up: Studies in the Expectation Communication Process*, New York: Longman.

Cooper, P.(1996) Editorial, *Emotional and Behavioural Difficulties*, 1(1), 1.

Cooper, P. and Lovey, J.(1999) Early intervention in emotional and behavioural difficulties: the role of Nurture Groups, *European Journal of Special Needs Education*, 14(2), 122-131.

Coopersmith, S.(1967) *The Antecedents of Self-esteem*, San Francisco: Freeman.

Corsini, R.J. and Auerbach, A.J.(eds) (1996) *Concise Encyclopaedia of Psychology*, 2nd edn, New York: Wiley.

Cowdery, L., Morse, P., Prince, M. and Montgomery, D.(1983, 1984 and 1985) *Teaching Reading Through Spelling*, Kingston: Kingston Polytechnic Learning Difficulties Project.

Cowne, E.(1996) *The SENCO Handbook: Working within a Whole School Approach*, London: David Fulton.

Cox, R.(1991) Motivation, in S.J. Bull (1993) *Sport Psychology: A Self-Help Guide*, Ramsbury: Crowood Press.

Critchley, M.(1970) *The Dyslexic Child*, Springfield, III.: Thomas.

Cullingford, C.(1991) *The Inner World of the School: Children's Ideas about Schools*, London: Cassell.

Cumming, J.J. and Maxwell, G.S.(1999) Contextualising authentic assessment, *Assessment in Education*, 6(2), 177-194.

Curry, L.(1983) An organization of learning styles theory and constructs, *ERIC Document*, 235, 185.

Daniels, H., Hey, V., Leonard, D. and Smith, M.(1996) *Gender and Special Needs Provision in Mainstream Schooling*, ESRC End of Award Report, R000235059.

Daniels, H., Visser, J., Cole, T. and Reybekill, N. de (1999) *Emotional and Behavioural Difficulties in Mainstream Schools*, School of Education, University of Birmingham, DfEE, RR90.

Department for Education (1992) *Designing for Pupils with Special*

Educational Needs, Special Schools, London: HMSO.
Department for Education (1994a) *The Education of Children with Emotional and Behavioural Difficulties* (Circular 9/94), London: DfEE.
Department for Education (1994b) *Code of Practice on the Identification and Assessment of Special Educational Needs*, London: DfEE.
Department for Education (1995) *The National Curriculum*, London: DfEE.
Department for Education and Employment (1997a) *Excellence for All Children: Meeting Special Education Needs* (Green Paper), London: The Stationery Office.
Department for Education and Employment (1997b) *Excellence in Schools* (White Paper), London: The Stationery Office.
Department for Education and Employment (1999) *Every school should have a clear policy for gifted children*, Online, available HTTP: **http://195.44.11.137/coi/coipress.nsf** (2 April 2000).
Department for Education and Employment (2000a) *National Literacy and Numeracy Strategies: Guidance on Teaching Able Children*, London: DfEE.
Department for Education and Employment (2000b) *Removing the Barriers: Raising Achievement Levels for Minority Ethnic Pupils*, London: DfEE.
Department of Education (1981) *The Education Act 1981*.
Department of Education and Science (1989) *Discipline in Schools* (The Elton Report), London: HMSO.
Detweiler, R.E., Hicks, A.P. and Hicks, M.R. (1995) The multi-modal diagnosis and treatment of Attention Deficit Hyperactivity Disorder, *Therapeutic Care and Education*, 4(2), Summer, 4-9.
Devlin, A. (1996) Criminal classes — are there links between failure at school and future offending? *Support for Learning*, 11(1), 13-16.
Donaldson, M. (1978) *Children's Minds*, London: Fontana.
Doran, C. and Cameron, R.J. (1995) Learning about learning: metacognitive approaches in the classroom, *Educational Psychology in Practice*, 11(2), 15-23.

Downing, J.E.(1996) *Including Students with Severe and Multiple Disabilities in Typical Classrooms*, Baltimore, Md: Paul H. Brookes Publishing Co.

Drew, D. and Grey, J.(1990) The fifth year examination achievements of black young people in England and Wales, *Educational Research, 32* (3), 107-117.

Dunn, R. and Dunn, K.(1992) *Teaching Elementary Students through their Individual Learning Styles: Practical Approaches for Grades 3-6*, Boston, Mass.: Allyn & Bacon.

——(1993) *Teaching Secondary Students through their Individual Learning Styles: Practical Approaches for Grades 7-12*, Boston, Mass.: Allyn & Bacon.

Dunn, R., Dunn, K. and Price, G.(1985) *Manual: Learning Style Inventory*, Lawrence, Kan.: Price Systems.

Dunn, R., Griggs, S. and Price, G.(1993) Learning styles of Mexican-American and Anglo-American elementary-school students, *Journal of Multicultural Counselling and Development*, 21(4), 237-247, EJ470183.

Dweck, C.S.(1975) The role of expectations and attributions in the alleviation of learned helplessness, *Journal of Personality and Social Psychology*, 31, 674-685.

——(1978) Achievement, in M.E. Lamb (ed.) *Social and Personality Development*, New York: Holt, Rinehart & Winston.

Dweck, C.S. and Leggett, E.L.(1988) A social-cognitive approach to motivation and personality, *Psychological Review*, 95, 256-273.

Dyslexia in the Primary Classroom (1997) in *Teaching Today Series*, London: BBC Education in association with British Dyslexia Association.

Dyson, A.(1996) *Managing SEN Policy in Cleveland Primary and Secondary Schools*, Online, available HTTP:
wwwmailbase.ac.uk/lists/senco-forum/files/dysonma96.html (3 January 2000).

Edelson, S.M.(2000) *Learning Styles and Autism*, Centre for Study of Autism, Salem, Oreg. Online, available HTTP:
http://www.autism.org/styles.html (17 April 2000).

Edwards, C.(1997) Today's lesson: noise in the classroom, *Vibes*, July.

Ellis, A.W.(1993) *Reading, Writing and Dyslexia: A Cognitive Analysis*, 2nd edn, Hove: Erlbaum.

Evans, G.W. and Maxwell, L.(1997) Chronic noise exposure and reading deficits: the mediating effects of language acquisition, *Environment and Behaviour*, 29(5), 638-656.

Faherty, C.(1999) *Structuring for Success*, Online, available HTTP: **http://www.unc.edu/depts/teacch/teacch e.htm** (3 January 2000).

FEDA (1995) *Learning Styles*, London: Meridan House.

Felder, R.M.(1996) Matter of Style, *ASEE Prism*, 6(4), 18-23.

Fernald, G.M.(1943) *Remedial Techniques in Basic School Subjects*, New York: McGraw-Hill.

Feuerstein, R., Rand, Y., Hoffman, F. and Miller, R.(1980) *Instrumental Enrichment*, Baltimore, Md.: Baltimore University Press.

Field, T.M.(1988) Pre-school play: effects of teacher/child ratios and organisation of the classroom space, *Child Study Journal, 10*(3), 191-205.

Fontana, D.(1995) *Psychology for Teachers*, 3rd edn, London: Macmillan.

Frey, K.S. and Ruble, D.N.(1985) What children say when the teacher is not around: conflicting goals in social comparison and performance assessment in the classroom, *Journal of Personality and Social Psychology*, 48, 550-562.

Galton, M. and Williamson, J.(1992) *Group-Work in the Primary Classroom*, London: Routledge.

Garner, P. and Gains, C.(1996) Models of intervention for children with emotional and behavioural difficulties, *Support for Learning*, 11(4), 141-145.

Garner P. and Hill, N.(1995) *What Teachers Do: Developments in Special Education*, London: Paul Chapman.

Gavienas, E.(1999) *The Dilemma: Seating Arrangements for Group Teaching*, The Scottish Council for Research in Education, Online, available HTTP: **http://www.scre.ac.uk/nl61gavienas.html** (17 April 2000).

Gerald, M.(1998) Uses and abuses of the multi-sensory room, in *Approaches to Working with Children with Multiple Disabilities and a Visual Impairment*, London: on behalf of Vital by RNIB.

Getzels, J.（1974） Images of the classroom and visions of the learner, *School Review*, 82, 527-540.

Gillborn, D. and Gipps, C.（1996） *Recent Research on the Achievements of Ethnic Minority Pupils*, OFSTED Review of Research, London: HMSO.

Gleeson, D.（1994） Wagging, bobbing and bunking-off, *Educational Review*, 46（1）, 15-19.

Goleman, D.（1996） *Emotional Intelligence*, London: Bloomsbury. ［土屋京子訳, 1996『EQこころの知能指数』講談社.］

Grandin, T.（1998） *Teaching Tips for Children and Adults with Autism*, Online, available HTTP: **http://www.autism.org/temple/tips.html**（18 April, 2000）.

Gray, C.（1994） *The Social Story Book*, Arlington: Future Horizons.

Greenhalgh, P.（1994） *Emotional Growth and Learning*, London: Routledge.

Griggs, S. and Dunn, R.（1996） *Hispanic-American Students and Learning Style*, ERIC Digest.

Griggs, S.A.（1991） *Learning Styles Counselling*, ERIC Digest.

Hardwick, J.（1996） Irregular little beasties, *Special Children*, June/July, 7-10.

——（1997） The hidden alphabet, *Special Children*, March, 13-15.

Harré, R.（1979） *Social Being*, Oxford: Blackwell.

Harter, S.（1981） A new self-report scale of intrinsic vs. extrinsic orientation in the classroom: motivational and informational components, *Developmental Psychology*, 17, 300-312.

——（1982） The perceived competence scale for children, *Child Development*, 53, 87-97.

Hayes, N.（1994） *Foundations of Psychology*, London: Routledge.

Head, G. and O'Neill, W.（1999） Introducing Feuerstein's Instrumental Enrichment in a school for children with social, emotional and behavioural difficulties, *Support for Learning*, 14（3）, 122-128.

Hegarty, S.（1987） *Meeting Special Needs in Ordinary Schools*, London: Cassell.

Honey, P. and Mumford, A.（1986） *Using your Learning Styles*, Maidenhead: Peter Honey.

——(1992) *The Manual of Learning Styles*, Maidenhead: Peter Honey.

Howlin, P.(1997) *Autism: Preparing for Adulthood*, London: Routledge.［久保紘章・谷口政隆・鈴木正子監訳, 2000『自閉症：成人期にむけての準備——能力の高い自閉症の人を中心に』ぶどう社.］

Howlin, P. and Yates, P.(1996) Increasing social communication skills in young adults with autism attending a social group (submitted for publication) (as cited in Howlin 1997).

Hudgens, B.(1993) The relationship of cognitive style, planning ability and locus of control to achievement for three ethnic groups (Anglo, African-American, Hispanic), *Dissertation Abstracts International*, A53-08, 2744.

Hughes, M.(1975) *Egocentrism in pre-school children*, Edinburgh University: unpublished doctoral dissertation.

Hull, C.(1943) *Principles of Behaviour Theory*, New York: Appleton, Century, Crofts.［能見義博・岡本栄訳, 1960『行動の原理』誠信書房.］

Iszatt, J. and Wasilewska, T.(1997) Nurture Groups: an early intervention model enabling vulnerable children with emotional and behavioural difficulties to integrate successfully into school, *Educational and Child Psychology*, 14(3), 121-139.

Jamieson, J.J.(1994) Teaching as transaction: Vygotskian perspectives on deafness and mother-child interaction, *Exceptional Children*, 60(5), 434-449.

Johnson, D.W. and Johnson, R.T.(1994) *Learning Together and Alone: Co-operative, Competitive and Individualistic Learning*, 4th edn, Boston, Mass.: Allyn & Bacon.

Johnson, D.W., Johnson, R.T., Holubec, E. and Roy, P.(1984) *Circles of Learning: Co-operation in the Classroom*. Alexandria, Va.: Association for Supervision and Curriculum Development.［杉江修治他訳, 1998『学習の輪——アメリカの協同学習入門』二瓶社.］

Johnson, F. and Jamison, J.(1998) *The Impact of Class Size: An Interim Research Summary*, Nfer, Online, available HTTP:
http://www.nfer.ac.uk/summary/clasize.htm (20 April 2000).

Johnson, M.K., Springer, S.P. and Sternglanz, S.H.(1982) *How to Succeed in College*, Los Altos, Calif.: William Kaufman.

Keating, D.P.(1980) Thinking processes in adolescence, in J. Adelson (ed.) *Handbook of Adolescent Psychology*, New York: Wiley, pp.211-246.

Keys, W.(1997) England's performance in the Third International Mathematics and Science Study (TIMSS) : implications for educators and policy makers, *Topic* 19, Bonus Item 1, 1-7.

Kirschenbaum, H.(1975) What is humanistic education? in T.B. Roberts (ed.) *Four Psychologies Applied to Education*, New York: Wiley.

Kirschenbaum, H. and Land Henderson, V.(eds) (1990) *The Carl Rogers Reader*, London: Constable. [伊東博・村山正治監訳, 2001『ロジャーズ選集――カウンセラーなら一度は読んでおきたい厳選33論文』誠信書房, 上・下.]

Kolb, D.A.(1976) *The Learning Styles Inventory: Technical Manual*, Boston, Mass.: McBer & Company.

――(1977) *Learning Styles Inventory: A Self Description of Preferred Learning Modes*, Boston, Mass.: McBer & Company.

――(1984) *Experiential Learning: Experience as the Source of Learning and Development*, Englewood Cliffs, NJ: Prentice-Hall.

Kyriacou, D.(1991) *Essential Teaching Skills*, Oxford: Blackwell.

LaHoste, G.J., Swanson, J.M., Wigal, S.B., Glabe, D., Wigal, T., King, N. and Kennedy, J.L.(1996) Dopamine D4 receptor gene polymorphism is associated with Attention Deficit Hyperactivity Disorder, *Molecular Psychiatry*, 1 (2), 122-124.

LeFrancois, G.R.(1997) *Psychology for Teaching*, 9th edn, Belmont, Calif.: Wadsworth.

Leland-Jones, P.J.(1997) *Improving the Acquisition of Sixth- Grade Social Studies Concepts through the Implementation of a Study Skills Unit*, ERIC NO: ED424154.

Lewis, A.(1995) *Children's Understanding of Disability*, London: Routledge. [嶺井正也他訳, 1999『障害のある子とない子の交流教育――子どもに学ぶイギリス・インクルージョンへの道』明石書店.]

Lewis, B.N.(1976) Avoidance of aptitude-treatment trivialities, in S. Messick (ed.) *Individuality in Learning*, San Francisco, Calif.: Jossey-Bass.

Mac an Ghaill, M.(1994) *The Making of Men: Masculinities, Sexualities*

and Schooling, Buckingham: Open University Press.

McCarthy, B.（1990）*Using the 4 MAT System to Bring Learning Styles to Schools*, ERIC NO: EJ416429.

McClelland, D.C.（1985）How motives, skills and values determine what people do, *American Psychologist*, 40, 812-825.

McClelland, D.C., Atkinson, J.W., Clark, R.A. and Lowell, E.L.（1953）*The Achievement Motive*, New York: Appleton-Century-Crofts.

McGarrigle, J. and Donaldson, M.（1974）Conservation accidents, *Cognition*, 3, 341-50.

McGuiness, J. and Craggs, D.（1986）Disruption as a school-generated problem, in D.P. Tattum（ed.）*Management of Disruptive Behaviour in Schools*, Chichester: Wiley.

Maslow, A.H.（1954）*Motivation and Personality*（2nd edn, 1970）, New York: Harper & Row.［小口忠彦監訳, 1971『人間性の心理学』産業能率短期大学出版部.］

Maxwell, L. and Evans, G.W.（2000）*Design of Child Care Centers and Effects of Noise on Young Children*, Online, available HTTP:
http:/www.designshare.com/Research/LMaxwell/NoiseChildren.htm
（20 April 2000）.

Mead, G.H.（1934）*Mind, Self and Society*, Chicago, Ill.: University of Chicago Press.［稲葉三千男・滝沢正樹・中野収訳/, 1973『精神・自我・社会』青木書店／河村望訳, 1995『精神・自我・社会』人間の科学社.］

Mercer, N.（1995）*The Guided Construction of Knowledge*, Clevedon: Multilingual Matters Ltd.

Miles, T.R. and Miles, E.（1990）*Dyslexia: A Hundred Years On*, Milton Keynes: Open University Press.

Miller-Jones, D.（1989）Culture and testing, *American Psychologist*, 44, 343-348.

Mirza, H.S.（1997）Black women in education: a collective movement, in H.S. Mirza（ed.）*Black British Feminism: A Reader*, London: Routledge.

Modood, T. and Shiner, M.（1994）*Ethnic Minorities and Higher Education: Why are there Differential Rates of Entry?* London: Policy Studies Institute.

Molnar, A. and Lindquist, G. (1989) *Changing Problem Behaviour in Schools*, San Francisco, Calif.: Jossey-Bass.

Moyles, J.R. (1992) *Organizing for Learning in the Primary Classroom*, Buckingham: Open University Press.

Myers, I.B. (1962) *The Myers-Briggs Type Indicator Manual*, Princeton, N J: Educational Testing Service.

Nash, B.C. (1981) The effects of classroom spatial organisation on four and five year old children learning, *British Journal of Educational Psychology*, 51, 44-55.

National Association for Gifted Children (2000) *Developing a School Policy for Gifted and Very Able Children*, Online, available HTTP:
http://www.rmplc.co.uk/orgs/nagc/index.html (2 April 2000).

Neill, S.R. St J. (1991) *Classroom Non-Verbal Communication*, London: Routledge. [河野義章・和田実訳, 1994『教室における非言語的コミュニケーション』学芸図書.]

Neisser, U. (1997) Rising scores on intelligence tests, *American Scientist*, Online, available HTTP:
http://i/articles/97articles/neisser.html (19 May 2001).

Newmann, F.M. and Archbald, D.A. (1992) The nature of authentic academic achievement, in H. Berlak, F.M. Newmann, E. Adams, D.A. Archbald, T. Burgess, J. Raven and T.A. Romberg, *Towards a New Science of Educational Testing and Assessment*, Albany, NY: State University of New York Press.

Newton, M.J. and Thompson, M.E. (1976) *The Aston Index: A Screening Procedure for Written Language Difficulties*, Wisbech: Learning Developmental Aids.

Nfer-Nelson (2000) *Cognitive Ability Test*, Online, available HTTP:
http://www.nfer-nelson.co.uk/cat/index.htm (2 October 2000).

Nfer Press Release (1998) 'Counting the cost of reducing class size', 18 September 1998, Online, available HTTP:
http://www.nfer.ac.uk/press/class.htm (2 April 2000).

Noble, C. (1999) Raising boys' achievement, *Topic*, Issue 22, 1-4.

Ockelford, A. (1998) Making sense of the world, in *Approaches to Working*

with Children with Multiple Disabilities and a Visual Impairment, London: on behalf of Vital by RNIB.

OFSTED/EOC (1996) *The Gender Divide: Performance Differences Between Boys and Girls at School*, London: HMSO.

Ogilvy, C.M.(1994) An evaluation review of approaches to behaviour problems in the secondary school, *Educational Psychology*, 14(2), 195-206.

ONS (2000) *Social Trends 2000*, London: The Stationery Office.

Papalia, D.F.(1972) The status of several conservative abilities across the life-span, *Human Development*, 15,229-243.

Parsons, C.(1996) Permanent exclusions from schools in England in the 1990s: trends, causes and responses, *Children and Society*, 10, 177-186.

Piaget, J.(1954) *The Construction of Reality in the Child*, New York: Basic Books.

——(1970a) *The Science of Education and the Psychology of the Child*, New York: Viking Press.

——(1970b) Piaget's theory, in P.H. Mussen (ed.) *Carmichael's Manual of Child Psychology*, New York: Wiley.

——(1971) *Structuralism*, London: Routledge & Kegan Paul.

Pickard, J.(1998) Dynamic testing reveals real abilities of drop-outs, *People Management*, 28, May, 11.

Preston, M.(1998) Including children with Autistic Spectrum disorder, *Special Children*, Nov./Dec., 15-17.

Putnam, J.(ed.) (1993) *Co-operative Learning and Strategies for Inclusion: Celebrating Diversity in the Classroom*, Baltimore, Md.: Paul H. Brookes Publishing Co.

Ramjhun, A.F.(1995) *Implementing the Code of Practice for Children with Special Educational Needs*, London: David Fulton.

Reber, A.S.(1985) *The Penguin Dictionary of Psychology*, Aylesbury: Penguin Books

Reiff, J.C.(1992) *Learning Styles*, Washington, DC: National Education Association.

Renshaw, P.(1990) Self-esteem research and equity programs, in J. Kenway and S. Willis (eds) *Hearts and Minds*, Lewes: Falmer Press.

Reybekill, N. de (1998) *Alternative or free: alternatives to Mainstream education for disaffected adolescents in Denmark*, unpublished doctoral dissertation, University of Birmingham, Birmingham.

Rezler, A.G. and Rezmovic, V.(1981) The learning preference inventory, *Journal of Applied Health*, 10, 28-34.

Richelle, M.N.(1993) *B.F. Skinner: A Reappraisal*, Hove: Erlbaum.

Riding, R. and Cheema, I.(1991) Cognitive styles — an overview and integration, *Educational Psychology*, 11(3 and 4), 193-215.

Robinson, F.P.(1970) *Effective Study*, 4th edn, New York: Harper & Row.

Robinson, H.B.(1981) The uncommonly bright child, in M. Lewis and L.A. Rosenblum (eds) *The Uncommon Child*, New York: Plenum.

Rogers, C.(1957) Personal thoughts on teaching and learning, *Merrill-Palmer Quarterly*, 3, Summer.

——(1961) *On Becoming a Person: A Therapist's View of Psychotherapy*, London: Constable.［村山正治編訳, 1967『人間論』岩崎学術出版社／諸富祥彦・末武康弘・保坂亨共訳, 2005『ロジャーズが語る自己実現の道』岩崎学術出版社.］

——(1977) The politics of education, *Journal of Humanistic Education*, 1(1), 6-22.

Rose, R., Fletcher, W. and Goodwin, G.(1999) Pupils with severe learning difficulties as personal target setters, *British Journal of Special Education*, 26(4), 206-212.

Rose, S.A. and Blank, M.(1974) The potency of context in children's cognition: an illustration through conservation, *Child Development*, 45,499-502.

Rosenthal, R.(1985) From unconscious experimenter bias to teacher expectancy effects, in J.B. Dusek, V.D. Hall and W.J. Meyer (eds) *Teacher Expectancies*, Hillsdale, NJ: Erlbaum.

Rosenthal R. and Jacobson, L.(1966) Teachers' expectancies: determinants of pupils' IQ gains, *Psychological Reports*, 19, 115-118.

——(1968) *Pygmalion in the Classroom*, New York: Holt, Rinehart & Winston.

Rotter, J.B.(1966) Generalised expectancies for internal vs. external control of reinforcement, *Psychological Monographs*, 80: no.1.

Rowe, C.（1999） Do social stories benefit children with autism in mainstream primary schools? *British Journal of Special Education*, 26（1）, 12-14.

Rubin, K.H., Attewell, P.W., Tierney, M.C. and Tumolo, P.（1973） Development of spatial egocentrism and conservation across the life-span, *Developmental Psychology*, 9, 432-437.

Ruble, D.B.（1983） The development of comparison processes and their role in achievement-related self-socialization, in E.T. Higgins, D.N. Ruble and W.W. Hartup（eds） *Social Cognition and Social Development: A Sociocultural Perspective*, New York: Cambridge University Press.

Salvia, J. and Ysseldyke, J.E.（1998） *Assessment*, Boston, Mass.: Houghton Mifflin.

Sangster, S. and Shulman, R.（1988） *The Impact of the 4 MAT System as a Curriculum Delivery Model*, Research Report, ERIC NO: ED316567.

SED（Scottish Education Department）（1977） *Truancy and Indiscipline in Schools*, Report of the Committee of Enquiry（The Pack Report）, Edinburgh: HMSO.

Seligman, M.E.P.（1975） *Helplessness: On Depression, Development and Death*, San Francisco, Calif.: W.H. Freeman. [平井久・木村駿監訳, 1985『うつ病の行動学——学習性絶望感とは何か』誠信書房.]

Seligman, M.E.P. and Maier, S.F.（1967） Failure to escape traumatic shock, *Journal of Experimental Psychology*, 74, 1-9.

Sharp, C., Osgood, J. and Flanagan, N.（1999） *The Benefits of Study Support, a Review of Opinion and Research*（DfEE Research Report 110）, Sheffield: DfEE.

Sharron, H. and Coulter, M.（1994） *Changing Children's Minds: Feuerstein's Revolution in the Teaching of Intelligence*, 3rd edn, Birmingham: Sharron Publishing Company.

Shaw, P.（1998） Multi sensory rooms, in *Approaches to Working with Children with Multiple Disabilities and a Visual Impairment*, London: on behalf of Vital by RNIB.

Shaywitz, S.E.（1996） Dyslexia, *Scientific American*, November, 78-84.

Shotter, D.（1997） Smoothing the way, *Special Children*, June/July, 22-25.

Sigelman, C.K. and Shaffer, D.F.（1991） *Life-Span Human Development*,

Belmont, Calif.: Brooks/Cole.

Sims, J.(1988) *Learning styles of black-American, Mexican-American, and white American third and fourth grade students in traditional public schools*, doctoral dissertation, University of Santa Barbara, Santa Barbara, Calif.

Skirtic, T.(1991) *Behind Special Education: A Critical Analysis of Professional Culture and School Organisation*, Denver, Colo.: Love Publishing.

Slater, L.(1996) *Welcome to my Country*, London: Hamish Hamilton. [高野裕美子訳, 1996『わたしの国にようこそ——精神分裂病患者の心理世界』早川書房.]

Snow, R.E. and Swanson, J.(1992) Instructional psychology: aptitude, adaptation, and assessment, *Annual Review of Psychology*, 43, 583-626.

The Standards Site (2000) Gender and achievement, DfEE, Online, available HTTP:
http://www.standards.dfee.gov.uk/genderandachievement/data1.1html (5 October 2000).

Sukhnandan, L.(1999) Sorting, sifting and setting, *Nfer News*, Spring.

Sukhnandan, L. and Lee, B.(1998) *Streaming, Setting and Grouping by Ability, a Review of the Literature*, Slough: Nfer.

Swisher, K.(1994) American Indian learning styles survey: an assessment of teachers' knowledge, *The Journal of Educational Issues of Language Minority Students*, 13, 59-77.

Taylor, G. and Thornton, C.(1995) *Managing People*, London: Directory of Social Change.

Thomson, M.(1990) *Developmental Dyslexia*, 3rd edn, London: Whurr Publishers.

Thorndike, R.L., Hagen, E. and France, N.(1986) *Cognitive Ability Test*, 2nd edn, Windsor: Nfer-Nelson.

Tomlinson, S.(1982) *The Sociology of Special Education*, London: Routledge & Kegan Paul.

Tyrer, P. and Steinberg, G.D.(1993) *Models for Mental Disorder*, 2nd edn, Chichester: Wiley.

Vellutino, F.R. (1979) *Dyslexia: Theory and Research*, Cambridge, Mass.: MIT Press.

Violand Hainer, E., Fagan, B., Bratt, T., Baker, L. and Arnold, N. (1990) Integrating learning styles and skills in the ESL classroom: an approach to lesson planning, *NCBE Program Information Guide Series*, No. 2, Summer, Online, available HTTP: **http://www.ncbe.gwu.edu/ncbepubs/pigs/pig2.htm** (4 April 2000).

Wechsler, D. (1974) *Manual for the Wechsler Intelligence Scale for Children—Revised*, Cleveland, Ohio: Psychological Corporation. [児玉省他共訳編, 1978『WISC-R知能検査法——日本標準版』日本文化科学社／児玉省・品川不二郎・茂木茂八共訳編著, 1982『WISC-R知能検査法——日本標準版』1982年修正版, 日本文化科学社.]

Weiner, B. (1974) *Achievement and Attribution Theory*, Morristown, NJ: General Learning Press.

—— (1986) *An Attribution Theory of Motivation and Emotion*, New York: Springer-Verlag.

Weiten, W. (1989) *Psychology: Themes and Variations*, Pacific Grove, Calif.: Brooks/Cole.

Wertsch, J.V. (1984) The Zone of Proximal Development: some conceptual issues, in B. Rogoff and J.V. Wertsch (eds) *Children's Learning in the 'Zone of Proximal Development'*, San Francisco, Calif.: Jossey-Bass.

—— (1985) *Vygotsky and the Social Formation of Mind*, Cambridge, Mass.: Harvard University Press.

Whalen, C.K. and Henker, B. (1991) Therapies for hyperactive children: comparisons, combinations and compromises, *Journal of Consulting and Clinical Psychology*, 59, 126-137.

White, J. (1986) The writing on the wall: beginning or end of a girl's career? *Women's Studies International Forum*, 9 (5), 561-574.

White, R.W. (1959) Motivation reconsidered: the concept of competence, *Psychological Review*, 66, 297-333.

Wiggins, G.P. (1993) *Assessing Student Performance*, San Francisco, Calif.: Jossey-Bass.

Wilkinson, C. (1988) Arranging the classroom environment, in I. Craig (ed.)

Managing the Primary Classroom, Harlow: Longman.

Wood, D., Bruner, J.S. and Ross, G.(1976) The role of tutoring in problem solving, *Journal of Child Psychology and Psychiatry*, 17, 89-100.

Wood, D.J.(1998) *How Children Think and Learn*, 2nd edn, Oxford: Blackwell.

Wragg, T.(1997) *Assessment and Learning*, London: Routledge.

Yong, F. and Ewing, N.(1992) A comparative study of the learning style preferences among gifted African-American, Mexican-American and American born Chinese middle-grade students, *Roeper Review*, 14(3), 120-123.

Zimmerman, B.J., Bandura, A. and Martinez-Pons, M.(1992) Self-motivation for academic attainment: the role of self-efficacy beliefs and personal goal setting, *American Educational Research Journal*, 29, 663-676.

用語解説

以下の用語は本文中で最初に現れた際に，ゴシック体で強調してある。

足場かけ　scaffolding　ヴィゴツキーが用いた概念をブルーナーが発展させた概念で，よりスキルのある人がスキルの少ない人に教えるプロセスのこと。

一般的象徴機能　general symbolic function　感覚運動期における重要な達成の一つで，これによって言語の発現，延滞模倣，ごっこ遊びなどが可能になる。

映像的表象モード　iconic mode　ブルーナーの用語で，具体的なイメージを通して外界を表象する方法。視覚，音，においなど。

絵カード交換式コミュニケーション・システム　Picture Exchange Communication System, PECS　言語の発達をめざす自閉症の治療プログラム。まず始めに，生徒は欲しいと思う物が書いてある絵カードと実物とを交換する方法を教えられる。さらに，文に相当するように絵カードを組み合わせることで，コミュニケーションを促進する利用法もある。

音素　phonemes　弁別可能な音の単位のことで，これの組み合わせによって単語が形成される。

学習スタイル　learning style　学習するべき情報が提示されるコンテクストや情報処理の方法に関する個人の好み。

学習性無力感　learned helplessness　セリグマンが考案した用語で，不可避な不快状況に曝されることで学習された無力感を意味し，避けることが可能な他の状況にも一般化された無力感のこと。

感覚運動期　sensori-motor stage　ピアジェの唱えた発達段階の最初の段階で，誕生から概ね2歳頃まで続く。この段階では対象の永続性と一般的象徴機能の発達が達成される。

間主観性　intersubjectivity　ヴィゴツキーが対話によって達成されると主

張した共有理解のこと。

記号による媒介　semiotic mediation　ヴィゴツキーの提唱した，共有理解や間主観性を獲得するためのプロセス。

帰属理論　attribution theory　広い意味では，ある人が自分や他人の行動を解釈・理解・説明する方法。

基本的精神機能　elementary mental functions　ヴィゴツキーが考案した用語で，注意を向ける，感じる，というような生得的な知的能力のこと。

具体的操作期　concrete operational stage　ピアジェが提唱した4段階の認知発達段階の3段階目。この段階は概ね7，8歳から11，12歳まで続く。この段階の子どもは外界の現象を扱うときに心的操作，つまり論理的思考が可能になる。しかし抽象的思考には限界がある。

形式的操作期　formal operational stage　ピアジェの唱えた認知発達の最終段階。この段階は概ね11歳か12歳ごろに始まり，抽象的論理思考が可能になることが特徴である。

高次精神機能　higher mental functions　ヴィゴツキーによる用語で，思考や問題解決のような学習された知的能力のこと。これらの能力は社会的な相互作用を通して学習される。

シェマ　schemas　われわれが外界との相互作用を理解するために構成する，行動・思考のまとまったパターンや単位のこと。

自己効力感　self-efficacy　自分が有能であるかどうかに関する自己評価。

自己中心性　egocentrism　ピアジェの用語で，子どもが他人も自分と同じ観点から対象を見ていると考える傾向のこと。

条件刺激　conditioned stimulus　古典的条件づけにおいて，元来はいかなる反応も引き起こさなかったのに，無条件刺激とセットになるとある反応を引き起こすようになる刺激。

条件反応　conditioned response　古典的条件づけにおいて，条件刺激によって引き出される反応。

象徴的表象モード　symbolic mode　ブルーナーの用語で，外界を表象する方法の一つ。恣意的な記号の操作がこの時期の特徴である。

情緒的・行動的困難（EBD）　emotional behavioural difficulties　教師に対して挑戦的な行動。行動そのものは受け入れがたいものだが，正常の範囲内であり，精神的な疾病が原因で引き起こされるのではない。

心的操作　mental operations　ピアジェの用語で，論理的思考を働かせる認

知能力のこと。

前操作期　pre-operational stage　ピアジェの唱えた認知発達の２番目の段階で，概ね２歳から７歳まで続く。この時期の子どもは心的操作や論理思考ができないのが特徴的である。

対象の永続性　object permanence　対象は，たとえ人間がそれを見ることができなくても，その時間と空間の中で存在し続けているという認識。

ダウン症候群　Down's syndrome　染色体異常が原因で起こる症状。本来なら細胞一つ当たりの染色体数は46であるが，それが47ある。これは21番目の染色体の過剰が原因である。

脱中心化　decentre　子どもの能力を説明するためのピアジェの用語で，頭の中に多数の，時には見かけ上は矛盾する状況を保持し理解する能力を指す。この能力が最初に子どもに見られるのは，具体的操作期である。

注意欠陥・多動性障害（ADHD）　Attention Deficit Hyperactivity Disorder　DSM-Ⅳでは多動性，注意維持の困難，高い衝動性などが主症状であると定義している。

調節　accommodation　ピアジェの用語で，新しい経験を取り込むためにシェマを修正すること。

適応　adaptation　ピアジェによると適応とは，人間が環境に呼応して変化していく現象を指す。その変化には，同化と調整のプロセスを通したシェマの発達が伴う。

同化　assimilation　新しい情報が既存のシェマに合わせて取り込まれる様子を表すピアジェの用語。

動作的表象モード　enactive representation　ブルーナーの用語で，外界を表象する方法の一つ。身体活動を内面化することで筋肉の記憶を形成する。

統制の位置　locus of control　自己の行動が内的要因／外的要因のどちらにコントロールされているかに関する受け止め方。

読字困難　dyslexia　適切な知能，教育，機会が与えられているにもかかわらず，読み書きの学習が困難であること。

認知　cognition　思考，理解，認識，推論，問題解決などの知的プロセスの発達。

発見学習　discovery learning　新しい知識の獲得には個人の能動的な努力が欠かせないと考えるアプローチ法。

発達の最近接領域　Zone of Proximal Development　ヴィゴツキーはこの概

念を，ある人が自力で達成できる水準と他者の助けがあれば達成可能な水準との間の差を示すものであるとした。そしてこの差を，その人の潜在的な学習能力であると考えた。

判定書　statement　調査の結果ある人に特別な教育的ニーズがあると判断されたとき，地方教育当局が発行する法的文書。

評価（アセスメント）assessment　ある決定を下すためのデータ収集などを含む手段のこと。

併存障害　co-morbidity　ある病気の症状が他の症状に関連付けられる程度。

保存　conserve　子どもの認識を説明するためのピアジェの用語で，ある対象が変化するのは何かを付け加えたり取り去ったりしたときだけであるという事実を指す。子どもは成長すると，見かけが変化しても量や質は変化しないことに気づくようになる。

無条件刺激　unconditioned stimulus　古典的条件づけにおいて，自然に無条件反応や反射を引き起こす刺激。

無条件反応　unconditioned response　古典的条件づけにおいて，無条件刺激に伴って生ずる反応。

無謬学習　errorless learning　生徒に成功だけを体験させることを教師が責任を持って保証する学習プログラム。

メタ認知　meta-cognition　自らの思考や問題解決能力に関する自己認識と知識。

ヤーキーズ=ドッドソンの法則　Yerkes-Dodson Law　遂行成績と覚醒レベルとの関係のこと。課題によって最高の遂行成績が出せる最適覚醒レベルが異なっている。

養育グループ　nurture groups　情動面・行動面で問題を抱えている幼児を対象とした精神力動的なアプローチ。このアプローチでは子どもの困難を幼児期の愛着形成に問題があったことが原因だと考える。そして温かく支援的な環境を提供して，そこで子どもが自らの価値に気づき，より適切な行動形式を発達させられるように援助することを目的とする。

ラセン形カリキュラム　spiral curriculum　ブルーナーによる用語で，学習される概念が時間を重ねるごとに複雑さを増して発展してゆくよう考えられたカリキュラム。